서당개도 술술!

자신만만 글쓰기

서당개도 술술!

자신만만 글쓰기

박상률 지음 | **김수민** 그림

생계형 글쟁이와 나잘난 백구의
일취월장 프로젝트

우리학교

차례

1장 백문이 불여일견(百文不如一犬)

백 개의 문장도 개의 한마디 일침만 못하지!

2장 글쓰며 사는 삶

개는 나면서부터 짖고, 사람은 살아가며 글을 짓는다!

3장 오! 나의 문장들

개똥은 약에 쓰려면 없지만, 좋은 문장은 언제든 꺼내 쓸 수 있다!

4장 괴롭고도 즐거운 '마침표'를 향해

개가 벼룩 씹듯, 마감은 자꾸 되풀이해도 아쉽지 않다!

백 구

조선시대 서당개 형님도 울고 갈 만큼 번뜩이는 재치와 명석한 두뇌를 자랑하는 진돗개.
작가 '박쌤'과 동고동락한 지 8년째. 파릇파릇한 청춘이 쏜살같이 지나가고, 어느덧 노안과 무릎 관절과 치아를 걱정해야 하는 나이가 되었다.
박쌤의 애창곡 중 하나인 '사노라면'을 워낙 많이 듣다 보니 자기도 모르게 '쓰노라면 언젠가는……'이라고 개사까지 할 정도다.
그래, 계속 글을 쓰노라면 언젠가는…… 좋은 날이 와야 할 텐데, 한 해 한 해 지날수록 책 읽는 사람은 줄어들고, 팔리는 책도 줄어들고…… 박쌤의 한숨은 늘어만 가고…… 아, 옛날이여!

박 쌤

한때 폼 하나에 살고 폼 때문에 죽는다는 '폼생폼사' 라는 노래가 큰 인기를 끌었다.
이 말을 엇비슷하게 흉내 내 박쌤의 일생을 요약하자면 '문생문사文生文死'가 아닐까 싶다. 술 담배도 하지 않고, 별다른 취미 생활도 없이 오로지 글을 쓰며 살아온 삶.
박쌤의 외길 문학 인생, 백구가 아니었다면 깊은 고독에 휩싸여 남모를 눈물 콧물 제법 흘렸을 것이다.
시시콜콜 잔소리에다 잘난 척까지 일삼는 백구와 앉으나 서나 서로 툴툴거리기 일쑤지만 사실은 눈빛만 봐도 마음을 알아챌 정도로 막역한 정을 나누며 지내고 있다.

백 번 듣는 것이 한 번 보는 것만 못하다고?

아니지, 백 개의 문장도

개의 한마디 일침만 못하지!

1장

백문이 불여일견

百文不如一犬

백구의 일상 맛보기
주인님은 글쓰기를 좋아해 !

안녕? 난 백구야.
개가 말하는 것에 대한 거부감은 없지?
저기 컴퓨터 앞에서 머리를 쥐어뜯는 사람은 박쌤이고.
여덟 시간째 저러고 있어···
박쌤은 전업 작가인데, 저런 모습을 보고 있으면 내가 다 쓸쓸해져.
에구, 저러다 머리털 다 빠지면 어쩌려고.
박쌤 걱정을 하는 사이 나의 '동안 미모'도 폭삭 삭아 버렸지.
젊었을 때 사진 볼래?

그러다 문득 깨달았어. 박쌤은 넉넉치 못한 살림에도 한 번도 날 버릴 생각 않고 돌봐 줬던 거야!
밥이다!
나도 그 마음에 보답하고 싶어졌어!
뭔가 도움 될 일이 없으려나···
이, 이건··· 박쌤이 요즘 쓰고 있는 원고?
청소년을 위한 글쓰기
에휴! 요즘은 제목부터 독자들을 확 사로잡아야 한다던데!
요즘 세상에 박쌤만 한 양반도 없지, 아암.

안 되겠어. 박쌤 머리숱 없어지기 전에 내가 무슨 수라도 써야겠어.
박쌤의 행복은 곧 나의 행복!
白
한낱 개가 글을 쓸 줄 아냐고? 어허, 대대손손 내려오는 서당개 형님 이야기 몰라들?
삼 년 만에 풍월을 읊은 후 장원급제해서 요직까지 차지했었지. 다 족보에 나오는 이야기라고, 에헴!
박쌤이 글쓸 때, 옆에서 훈수 좀 두어야겠어.
오며 가며 주워들으면서 공부 좀 해 두길 잘했지 뭐야.
내가 보기엔 지금이 딱 그 타이밍인 듯!
헉! 아직도 쥐어뜯는다!
자, 우리 함께 Go Go!

문학, 어디에 쓰는 물건인고?

널리 알려진 소설이나 영화 또는 노래의 제목에 다른 표현을 넣어 볼 때가 있다. 헤밍웨이의 소설 『누구를 위하여 종은 울리나』에서는 '누구를 위하여', '종은 울리나'를 가지고 '누구'와 '종'을 이러저러한 다른 단어로 바꿔 가며 많은 말을 만들어 보았다. 영화로 만들어져 널리 알려진 마거릿 미첼의 소설 『바람과 함께 사라지다』에서는 '바람'을, 영화 〈영자의 전성시대〉에서는 '영자'나 '전성시대'를 가지고 시대마다 유행하던 어떤 현상이나 일을 대입시키면서 묘한 쾌감과 작은 만족감을 느끼기도 했다. 같은 방식으로 1990년대 중반에 나왔던 영화 〈어디에 쓰는 물건인고〉 앞에 '문학'을 넣어 보자. 그럼 '문학, 어디에 쓰는 물건인고?' 정도가 되겠다.

그럼 나는요? 나, 백구는 어디에 쓰는 물건인고?

너는 이 책을 읽는 독자들이 궁금해할 만한 것을 대신 물어보는 역할을 하면 돼.

평소에는요?

평소에는 내 짜증을 받아 주면 되고!

뭐라고요? 내가 쌤 짜증 받이란 말이에요?

사실을 말하자면, 내가 네 뒤치다꺼리하는 사람이지….

흥, 그건 나도 마찬가지인걸요, 뭐.

정말이지, 문학은 어디에 쓸까? 문학이 과연 우리 삶에 쓸모가 있나? 재미없고 두껍기만 한 소설은 베개로 쓰면 된다고? 잠이 안 올 때 읽으면 몇 분 안에 잠들 수 있는 소설은 수면제 대용으로 아주 훌륭하다고? 소설책이나 시집을 라면 냄비 받침으로 쓰면 적격이라고? 물론 어느 정도는 일리가 있다. 그러나 그런 걸 문학의 쓸모라고 하긴 '좀' 그렇다. 쓸모를 찾다 지쳤던 건지, 동화 『행복한 왕자』를 쓴 오스카 와일드는 '모든 예술은 아예 쓸모없는 것이다.'라고 독설까지 퍼부었다.

그런데도 사람들은 포기하지 않고 예술의 쓸모를 애써 찾으려고 했다. 20세기 프랑스문학의 가장 위대한 작가라 평가받는 로맹 롤랑은 '태양은 도덕적이지도 부도덕하지도 않다. 태양은 있는 그대로 존재한다. 하지만 태양은 어둠을 몰아낸다. 예술이 그렇다! 태양이 없을 때 그것을 창조하는 것이 예술가의 몫이다.'라고 설파했다. 여기에 예술 대신 문학을 넣으면 그럴싸하지 않는가?

영국의 역사가이자 비평가인 칼라일은 일찍이 '태양으로는 결코 담뱃불을 붙이지 못한다. 그러나 이게 태양의 약점은 아니다. 예술도 이와 같다. 쓸모는 없지만 약점(없어도 되는 것)은 아니다.'라고 했다. 여기서도 예술 대신 문학을 넣어 보면 말이 된다. 물론, 문학도 예술의 하나이지만 좀 더 가깝게 생각해 보자는 의미이다.

1세대 불문학자이자 비평가 김현은 생전에 '문학은 써먹을 데가 없어 무용하기 때문에 유용하다. 모든 유용한 것은 그 유용성 때문에 인간을 억압하지만, 문학은 무용하므로 인간을 억압하지 않는다. 그 대신 억압에 대해 생각하게 만든다.'고 했다. 도가의 대표적 사상가 장자의 이야기도 들어 보자. '내가 발 딛고 있는 땅을 중요하게 여긴 나머지, 그 둘레의 땅은 쓸모없다고 도려내 버리면 나만 서 있을 수 있을까? 주변이 있어야 내 발밑도 안전하다.'

쓸모없다고 여겨지는 것이 결코 쓸모없지 않고, 제법 쓸모 있다는 말 아닌가? 문학이 그렇다. 쓸모없어 보이지만 쓸모 있는 물건이 문학이다!

역시, 나도 꽤 쓸모 있구나! 박쌤의 짜증을 다 받아 주니까!

내가 네 뒤치다꺼리한다니까!

오늘은 그렇다고 해 둡시다. 에헴!

글은 힘이 세다

예전엔 일기나 편지 말고는 글을 써 본 적 없는 사람이 많았다. 물론 요즘도 글이라면 고개를 설레설레 젓는 이들이 많다. 그나마 인터넷의 전자우편이나 휴대전화의 문자, 페이스북, 트위터 등이 활발해져서 글쓰기가 '덜 무서운 것'이 되었다. 인터넷이나 휴대전화가 손으로 쓰는 편지나 일기를 대체하고 있는 게 현실이기도 하다.

강연 차 경상남도 통영을 갔다. 통영에 이르니 무엇보다도 맑은 하늘이 눈에 들어왔다. 세월호에 이어 경기도 판교의 한 공연장에서 사람들이 죽는 참사가 일어난 것과 상관없이 하늘은 무심히 맑았다. 한강의 성수대교가 무너진 지 20년이 지났는데도 안전사고는 끝이 없다. 이 푸른 가을에……. 푸른 가을 하늘을 통영에서 바라보니 유치환 시인의 시 한 편이 떠올랐다. 그가 편지를 부치던 통영의 중앙동 우체국도…….

유치환 시인은 시조시인 이영도에게 20년 동안 무려 5000통에 가까운 편지를 보냈다. 편지라면 인도의 민족운동 지도자 간디도 서운하지 않을 만큼 썼다. 그는 '미라'라는 여인에게 350여 통의 편지를 보냈다. 이뿐인가, 중국을 대표하는 작가 루쉰은 제자 쉬광핑과 문학은 물론 당대의 사회 현상과 관련하여 많은 편지를 주고받았다. 둘은 편지에 '사랑'이라는 말은 안 썼지만 세상의 따가운 시선을 극복하고 부부의 연을 맺었다.

무슨 할 말이 많다고 편지를 그렇게들 많이 썼을까요?

사랑에 빠진 이들은 꼭 할 말이 있어서만 편지를 쓰는 건 아냐.

아, 편지를 쓰는 마음!
그들은 말보다 깊은 마음을 주고받는 거네요.

유치환 시인은 「행복」이라는 시에서 그가 드나들었을 우체국, 편지, 사랑, 하늘을 노래했다. 잠시 시를 읽어 보자.

사랑하는 것은
사랑을 받느니보다 행복하나니라.

오늘도 나는
에메랄드빛 하늘이 환히 내다뵈는
우체국 창문 앞에 와서 너에게 편지를 쓴다.

행길을 향한 문으로 숱한 사람들이
제각기 한 가지씩 생각에 족한 얼굴로 와선,
총총히 우표를 사고 전보지를 받고
먼 고향으로 또는 그리운 사람께로
슬프고 즐겁고 다정한 사연들을 보내나니.

세상의 고달픈 바람결에 시달리고 나부끼어
더욱더 의지 삼고 피어 헝클어진 인정의 꽃밭에서
너와 나의 애틋한 연분도
한 망울 연연한 진홍빛 양귀비꽃인지도 모른다.

사랑하는 것은
사랑을 받느니보다 행복하나니라.
오늘도 나는 너에게 편지를 쓰나니,

그리운 이여 그러면 안녕.
설령 이것이 이 세상 마지막 인사가 될지라도

사랑하였으므로 나는 진정 행복하였네라.

유치환 시인은 자신의 사랑이 완성되지 못하리라는 것을 알고 있었을까? 그런 까닭에 「바위」라는 시를 썼을까? 사랑 같은 감정에 휘둘리지 않으려면 차라리 단단한 바위가 되는 게 좋겠다는 생각으로? 시의 첫 구절이 떠오른다.

내 죽으면 한 개 바위가 되리라
아예 애련에 물들지 않고
…… (후략)

편지에 대해 이런저런 이야기를 하고 있자니 고은 시인의 「가을 편지」가 덩달아 떠오른다.

가을만 되면 라디오에서 꼭 틀어 주는 노래 아녜요?

그려. 너도 아는구나.

아, 어쩐지 가사가 시 같더라니! 원래 시였구나.

고은 시인의 시가 노랫말이 되어 김민기가 곡을 붙인 뒤 최양숙, 패티김, 양희은, 최백호 등 많은 가수들이 이 노래를 불렀다. 나는 최양

숙이 부른 버전의 '가을 편지'를 좋아하여 가을마다 즐겨 듣는다.

가을엔 편지를 하겠어요
누구라도 그대가 되어 받아 주세요
낙엽이 쌓이는 날
외로운 여자가 아름다워요

가을엔 편지를 하겠어요
누구라도 그대가 되어 받아 주세요
낙엽이 흩어진 날
헤매는 여자가 아름다워요

가을엔 편지를 하겠어요
모든 것을 헤매인 마음 보내 드려요
낙엽이 사라진 날
모르는 여자가 아름다워요

현대문학을 대표하는 체코의 작가 카프카는 친구와 가족, 연인에게 1000통이 넘는 편지를 남겼단다. 만약 그가 지금 시대에 살았더라면 인터넷, 특히 트위터나 페이스북을 즐겨 했을지도 모르는 일이다.

소설 쓰기에도 시간이 모자라지 않았을까요?

…그랬을지도. 그래도 소설이 막힐 땐 숨통이 필요하니까.

제 생각엔 카프카는 손 편지를 놓지 않았을 것 같아요. 유행 이런 거 신경 안 쓰고.

…그랬을지도.

편지. 처음엔 쓸 말이 없었는데 쓰다 보면 말이 넘치는 편지. 내밀한 자기 사정을 구구절절 적기에 편리한 편지. 부치러 우체국에 가고, 답장이 오기를 기다리던 편지. 그런 기다림과 설렘의 시간이 점점 과거로 사라지고 사람들은 이제 휴대전화나 인터넷으로 편지를 쓴다.

편지엔 기다림과 설렘이 담겨 있었군요!

종이 편지는 특히 더 그랬지….

조선시대의 실학자이자 소설가이기도 한 연암 박지원은 『열하일기』에서 요동 땅 백탑 있는 곳을 두고, 훌륭한 울음터라 하며 한바탕 울 만한 곳이라 했다. 그 말투로 하면 통영은 사랑을 할 만한 곳이었을 터. 한 시절 한 학교(통영여중)에서 유치환(국어)과 이영도(가사)와 윤이상(음악)이 같이 근무했고, 백석 시인 역시 통영에 사는 '난'이라는 소녀(여인)를 그리며 시를 썼다고 하니 문득 이런 생각이 든다. 항구가 아름다워서 그랬을까? 통영의 두어 학교로 강의 다녀온 경험으로 섣불리 말하긴 그렇지만…….

사랑하기 좋은 곳이 따로 있나요, 뭐.

넌 몰라서 그래.

그러는 쌤은 잘 알고요?

나야 뭐….

앞에서도 이야기했듯 옛사람들의 사랑에는 글이 빠지지 않는다. '홍길동' 하면 바로 떠오르는 인물, 허균. 유교 사회에서 불상을 모셨던 조선시대 최고의 반항아이자 괴짜였던 허균은 부안의 기생 매창을 사랑했다. 하지만 매창은 '유희경'이라는 당대의 빼어난 시인을 정인으로 두고 있었다. 유희경이 서울로 갔음에도 매창은 그를 못 잊어 다른 사람에게 정을 주지 않았다. 허균은 매창의 시에 매료되어 편지로 격조 높은 담화를 주고받으며 정을 쌓았다. 사랑은 이루어지지 않았지만 문학적 연을 멋지게 이어 나간 셈이다.

요새 말로 하면 매창의 마음은 일편단심 민들레였네요?

그 마음에서 나온 시니까 격조가 높았겠지!

조선 중기 시인 겸 문신 백호 임제는 어땠을까. 서른 중반 무렵, 임제는 평안도 도사 벼슬을 살기 위해 송도(지금의 개성)에 있는 황진이 묘 곁을 지나게 되었다. 일부러 황진이 묘를 들르기 위해 그리 갔다는 얘기도 있다. 암튼, 임제는 관복을 입은 채로 황의 묘소에 가서 술을 따라 올리고 추도시를 읊었다. 내가 고등학교 다닐 때 '고문(古文, 고전문학)' 교과서에서 늘 보았던 시조.

> 청초 우거진 골에 자는가 누워 있는가
> 홍안을 어디에 두고 백골만 묻혔는가
> 잔 잡아 권할 이 없으니 그것을 슬퍼하노라

이 시조 때문에 결국 조정에서 파직을 당한 낭만주의자! 임제는 그로부터 서너 해 뒤에 세상을 떠났다. 이들 모두 사랑은 확인이 아니라 삶을 함께 만들어 가며 서로를 성장시키는 과정임을 보여 주었다고 할 만하다. '사랑하였으므로 행복하였네라'라고 충분히 말할 수 있는 이야기이다.

말도 안 돼. 기생 묘에 술 따라 올리고 시 좀 썼다고 벼슬자리에서 쫓겨나다니!

조선시대는 신분사회였으니까….

이 대목에서 우리가 간과하지 말아야 할 것은 사랑의 시초 내지 발단이 글쓰기와 연관되어 있다는 점이다. 일기 쓰는 이유를 생각해 보자. 하루를 정리하고 잠들기 전 일기를 씀으로써 스스로를 치유하고 마음을 다독이게 된다. 편지를 쓰는 순간도 마찬가지 아닐까? 말보다 글의 힘이 더 세다는 걸 알기에 편지를 쓴다. 편지로 사연을 전하는 라디오 프로그램이 아직 있는 것을 보아도 알 수 있다. 손 편지이든 휴대전화 메시지이든 누군가에게 편지를 보내는 마음은 시대가 지나도 여전히 유효하다.

시시해서, 시시하지 않아서 詩

나는 농담 삼아 '시는 시시하기에 시!'라고 곧잘 말한다. 쓰는 나도 모르고 읽는 남도 모르게 쓰기는 쉽다. 그럴 때 보면 시는 '시시하다'. 하지만 쓰는 나도 알고 읽는 남도 알게 쓰기는 쉽지 않다. 그럴 때엔 시가 결코 '시시하지 않다'.

쌤 같은 사람도 시를 쓰는 것 보면 시가 시시하긴 한가 봐요.

예끼 이 녀석, 내가 어때서? 너 같은 놈 때문에
'개꼬리 삼 년 두어도 황모 안 된다'는 말이 있는 거야!

황모요? 그야 서예용 붓을 매는 데는 개 꼬리털보다
족제비 꼬리털이 더 좋으니까 나온 말 아녜요?

그렇지. 먹물 묻혀 글씨 쓰기엔 족제비 꼬리털이
개 꼬리털보다 훨씬 나으니까.

무엇보다도 시가 시시하지 않은 건 시 자체가 가지고 있는 '은유'의 힘에 있다. 칠레의 민중시인 파블로 네루다에 따르면 은유는 세상을 변혁시키기도 한다. 은유는 어떤 상황이나 일을 드러낼 때 간접적이고 암시적으로 나타내기 때문에 되레 원래의 비교 대상을 날것으로 곧장 드러낼 때보다 더 큰 힘을 발휘하는 경우가 많다. 영화 〈일 포스티노〉를 보면 네루다의 연애 시는 사람들 입에 오르내리고, 네루다가 연인에게 가졌던 감정도 고스란히 드러난다. 은유의 시어들은 네루다 본인뿐 아니라 사랑에 빠진 많은 이의 마음을 쿵쾅거리게 한다.

더 쉽게 말해 줘요. 그러니까 은유가 뭔데요?

'내 마음은 호수요' 같은 거. 마음을 호수라 하니까
여러 가지 생각을 하게 되잖아.
그냥 '내 마음 호수처럼'이라고 하는 것보다 넓은 의미 같지?

진짜 그렇네요?! 마음 자체를 호수라고 하니까.

저널리스트이자 영화감독 겸 작가인 안드레 블첵이 쓴 '시와 라틴아메리카 혁명'이라는 글에는 이런 구절이 나온다. '어떻게 우리가 입술에 시를 담지 않고, 가슴속에 사랑하는 사람을 품지 않고, 다만 우리가 지키고 다시 세우고자 하는 나라에 대한 전적인 헌신만으로 투쟁 속에 뛰어들 수 있었겠는가.' 이 구절을 통해 시가 시시하지 않은 이유를 다시금 생각한다.

가슴에 사랑하는 이가 있어야 투쟁도 할 수 있다고요?

응. 사랑을 하면 입으론 시를 읊게 되거든!

나는 엄숙하기만 해서는 절대로 싸움을 지속할 수 없다고 생각한다. 그래서 즐겁게 잘 노는 이가 끝내 이긴다고 말한다. 세상이 어지럽지만 한사코 비분강개만 하지 말기를. 시도 읽고 소설도 읽고 영화도 보고 미술 작품 감상도 하면서 사랑도 하자! 전쟁 중에도 사랑은 계속되었다. 포화 속에서도 연애 소설은 읽혔다. 폭풍이 불면 아름드리나무는 쉽게 뿌리까지 뽑히며 자빠진다. 하지만 연약해 보이는 갈대는 휘청거리면서도 결코 쓰러지지 않는 법이다.

은유적으로 생각하기

오래전 한국문화예술위원회의 사이버문학광장 글틴 기획위원 자격으로 철학자이자 작가인 김용규에게 연재 꼭지를 부탁한 바 있었다. 그때 김용규 작가는 '문학을 위한 철학 통조림'이라는 간판 아래 연재를 해주었다. 이후 자주 만나지 못하다가 얼마 전 몇 해 만에 만나서 저녁 식사를 같이 했다.

김용규 작가는 『철학카페에서 문학 읽기』와 『철학카페에서 시 읽기』, 『생각의 시대』 등의 책을 써 오며 문학, 특히 시에 대해 애정을 많이 가지고 있는 것으로 알려져 있다. 교사 연수 자리에서 종종 만났을 때는 서로 시간에 쫓겨 따로 몇 마디 못 나누었는데, 이번에 만났을 땐 그간의 연구를 비롯하여 차분히 이야기를 나눌 수 있었다.

김용규 작가는 시 읽기, 그것도 소리 내어 읽고 암송하는 걸 굉장히 중요하게 여긴다고 했다. 시를 읽으면 시가 지닌 은유의 힘을 익힐 수 있고, 나아가 소리 내서 읽으면 뇌에 저장이 잘된다는 과학적 성과를 소개하기도 했다. 실제로 자신의 딸아이에게 이 방법을 적용하여, 청소년 시절 아이가 시 한 편 외워야 만 원씩 용돈을 주었다고 했다.

수년 전 이 이야기를 듣고 나 역시 아이에게 유용히 써먹었던 방법이다. 그때 아이에게 "시 외워야 용돈을 준다는 게 치사하지만 아르바이트하는 것보다 시를 외우고 한 편에 만 원씩 용돈을 타 가는 게 더 나을 거야!" 하고 말했다. 그래서 아이는 5만 원이 필요하면 시 다섯 편을 외우고, 2만 원이 필요하면 두 편을 외웠다. 시 한 편에 1만 원이라니! 아이는 돈에 눈이 멀어 장난스레 시를 외우기 시작했지만 나중엔 시 자체의 매력에 빠져 스스로 시를 찾았다. 처음에는 외우기 쉬운 짧은 시를 찾았지만 이내 곧 밑천이 드러나 점차 긴 시도 외웠다.

시 외우는 것 하고 용돈하고 연계시키다니, 좀 치사한데요?

그래서 치사하다고 미리 얘기하고 시작했지….
다행히도 아이가 시 자체의 매력에 빠지니까
금세 치사하다는 생각 안 하더라고….

김용규 작가는 시를 외우면 기억력이 좋아질 뿐 아니라 시 자체의 은유가 아이의 인생관이나 세계관을 바꾼다고 했다. 은유는 유사성을 통해 보편성을, 비유사성을 통해 창의성을 드러내는 천재적인 생각의 도구라는 점 또한 강조했다. 시를 읽고, 낭송하고, 외운다는 것은 단순히 감성적 취향만을 고양시키는 일이 아니고 사람 뇌 안에 은유를 창출하는 신경망을 새롭게 구축하는 작업이라는 이야기였다. 그래서 은유는 다른 모든 생각을 만드는 생각이라는 것! 시인은 은유를 통해 단순히 대상을 미화하는 것이 아니라 하나의 세계 내지 다른 현실의 장을 열어 밝힌다는 것! 다른 현실의 장을 열어 밝힘으로써 우리의 일상과 세계의 진부함을 떨쳐 내며 우리가 세상을 보는 눈을 바꾸어 놓는다는 것을 역설하였다.

앞장에서도 말했지만 나는 강의할 때 네루다 시인을 자주 들먹인다. 그의 민중 지향적인 삶은 물론 시를 대하는 태도를 높이 사기 때문이다. 대학의 문예창작과에서 '문학과 영상'이라는 과목을 맡고 있을 때 네루다의 망명 시절을 다룬 영화 〈일 포스티노〉를 학생들과 함께 보곤 했다.

네루다는 시의 은유가 세상을 바꾼다고 했다. 은유적으로 생각하는 건 혁명적 발상이라고 생각해서, 집회가 있으면 대중들 앞에서 시를 낭송한 것으로도 유명하다. 네루다는 은유의 힘이 세계를 변혁으로 이끈다고 했다. 시는 대상에 의미를 부여하고 세상을 새롭게 보게 하며 마침내 변혁을 꿈꾸게 하는데, 그 출발이 은유라는 것이다.

〈일 포스티노〉는 바로 그 은유를 다루는 영화라고 볼 수 있다. 네루다는 조국 칠레에서 추방당하여 이탈리아 정부가 마련해 준 나폴리 근처의 작고 아름다운 섬으로 간다. 그 섬의 작은 우체국에는 전 세계 사람들이 네루다에게 보내온 편지가 수두룩 쌓여 간다. 그래서 우체국장은 어부의 아들인 마리오를 네루다의 전용 우편배달부로 채용한다.

마리오는 처음엔 단순히 배달 업무만 했으나 우연히 만난 베아트리체라는 아가씨에게 한눈에 반하게 된다. 어느 날, 마리오는 네루다에게 도움을 청한다. 연애하는 데 시를 적절히 써먹으려는 속셈을 가지고……. 그래서 네루다는 마리오에게 은유를 가르쳐 주며 직접 시를 쓰게 한다. '스포일러'는 이쯤에서 접고, 하려는 이야기의 핵심은 이것이다. 마리오를 변하게 한 힘, 마리오의 삶을 바꾼 것은 바로 은유다.

이렇듯 널리 은유의 힘을 전한 네루다. 다시 칠레로 돌아왔던 말년에 관한 일화 또한 유명하다. 군사 쿠데타가 일어나고 얼마 뒤, 군인들이 네루다 집을 수색했단다. 집에 들이닥친 군인 가운데 인솔 지휘관이 네루다를 찾았다. 그러자 병세가 악화된 네루다가 한마디 했다.

"잘 둘러보시게. 집 안에서 자네들한테 위험한 건 딱 하나밖에 없다네. 시詩 말이야!"

시인을 권하는 사회

요즘은 착하게 살아온 사람들이 더 힘들고, 악하게 사는 사람이 더욱 승승장구하는 사회처럼 느껴진다. 이 모순을 뭐라 해야 하냐며 종교고 도덕이고 다 필요 없다고 구시렁거리던 제자가 있었다. 개인적 차원에서 업이니 인과응보니 말을 하지만 그것만으로는 도저히 설명이 되지 않는다며 제자는 연신 풀 죽은 목소리를 냈다. 무슨 말을 해야 할지 고민하던 나는 세상이 불합리하니까 그것을 고쳐야지 모든 문제를 개인 차원으로 환원해서 얘기하면 안 된다는 말 정도만 해 줄 수 있었다.

못된 짓, 못난 짓 하는 사람들 중 어떤 이는 자신이 전생에 좋은 일을 해서 괜찮다며 자기 합리화한다. 그러고는 힘든 사람들을 보면 그 사람들의 운명이 안타까울 뿐이라며 개인의 사정쯤으로 치부

하기도 한다. 그러나 사실은 사회적 차원에서 생각해야 할 문제다. 개인이 체념하고 무기력에 빠질 게 아니라 사회 구석구석을 들여다보아야 한다. 그렇지 않으면 못되고 비열한 논리에 휘둘리고 만다.

철학자 키에르케고르는 시인을 두고 이르기를 '시칠리아의 암소'라고 했다. 시칠리아의 암소는 아테네의 조각가 페릴레스가 만들어 시칠리아 폭군 팔라리스에게 바친 암소 모양의 청동 고문 기구다. 안에 사람을 넣고 밖에서 불을 피우면 그 사람의 울부짖음이 고문 주관자인 악당이나 폭군에게는 아름다운 소리로 들린단다. 그래서 키에르케고르는 저서『이것이냐 저것이냐』에서 시인을 '격렬한 고통을 가슴속에 품고 있지만 탄식과 비명이 입술을 빠져나올 때는 아름다운 음악으로 들리는 불행한 사람'이라고 정의했다.

개가 달 보고 짖는 것도 무서워서 그런 거니까, 시 맞지요?

그래. 시일 수도 있겠구나.
개는 고통스러워 짖지만 듣기엔 꼭 그렇지만도 않으니까….

시인의 고통은 곧 세계의 고통이다. 세계가 아프지 않다면 시인의 아픔도 공감을 얻지 못할 것이다. 시인은 다른 사람보다 공감 능력이 뛰어나다. 그래서 각종 '현장'마다 시인이 있는 게 아닐까? 타인의 고통이 자신의 고통이기에.『유마경』의 주인공 유마거사가 '중생이 아프니 나도 아프다.'고 말했던, 그 심정이다. 하지만 분노가 곧 시는 아닐 것이다. 고통이 시로 나올 때는 아름다운 목소리로 전해져야 한다. 그래서 키에르케고르는 시인을 두고 불행한 존재라고 했다. 여하튼 지금은 다들 시인이 되어야 하는 불행한 세상이다!

토씨 하나의 차이

빛은 직진하려는 속성을 가지고 있다. 직진하는 빛의 속성을 그대로 읊으면 밍밍한 시나 노래가 된다. 하지만 동일한 태양 광선이 프리즘을 통과하면 굴절율의 차이에 따라 여러 가지 색으로 나뉜다. 초등학교 때 만들어 본 프리즘의 안을 들여다본 기억을 떠올려 보면 좀 더 이해가 쉬울지 모르겠다. 이를 시에 빗대어 생각해 보면 빛의 굴절이 심할수록 난해시가 되고, 빛이 그대로 보이면 노래 혹은 시 비슷한 것이 된다.

러시아 문예학자 미하일 바흐친은 일찍이 '굴절되지 않은 채 날것인 현실 그대로는 문학(예술)이 될 수 없다.'고 말했다. 이는 앞장에서 분노가 곧 시는 아니라고 말한 의미와 맞닿아 있다. 예를 들어, 남녀 간의 이별을 두고 노래와 시가 어떻게 표현하는지 보자.

우리나라 대표 민요 '아리랑'에는 '나를 버리고 가시는 님은 십 리도 못 가서 발병 난다.'고 하는 가사가 있다. 이는 감정이 여과되지 않은 직설적 표현이다. 실연의 아픔을 있는 그대로 전한 셈이다. 반면에 김소월의 「진달래꽃」을 살펴보자. '가시는 걸음걸음 놓인 그 꽃을 사뿐히 즈려밟고 가시옵소서.'라는 표현이 나온다. 속은 썩어 문드러지는데도 감정을 눅여 진달래꽃을 사뿐히 밟고 가라니……. 헤어짐의 아픔을 문학적으로 승화했다고 볼 수 있겠다. 극단적 예를 들긴 했지만 노랫말과 시어가 어떻게 다른지 시사하는 바가 크다.

지금이야 누구나 부르는 노래지만, 내가 고등학교 다닐 때엔 금지곡 아닌 금지곡 취급을 당해 함부로 부를 수 없었던 노래 '부용산'. 민중가요이자 구전가요였기에 부르는 사람마다 조금씩 가사가 달랐다. 특히 토씨(조사)!

먼저 '~너만 가고 말았구나'라는 가사를 보자. 이때 '만'은 주관적 감정이 들어 있음을 알 수 있다. 이어 '~너는 가고 말았구나'는 어떠한가. 여기서의 '는'은 객관적 묘사를 했음을 알 수 있다. 또 '~너도 가고 말았구나'에서의 '도'는 신파조로, 대중가요풍이라고 할 수 있다.

사람들이 흔히 '아' 다르고 '어' 다르다는 말을 하던데,
바로 이런 경우군요!

그 남자는 '키도 크다'와 '키만 크다'와 '키는 크다'도 다르지?
난 어디에 속해?

안 가르쳐 줄래요!

흥!

세상에서 가장 좋은 시

시에도 여러 갈래가 있다. 간단히 살펴보자면, 예술지상주의를 표방한 순수시가 있고 민중문학을 표방한 참여시가 있다. 그런데 문학을, 시를 이렇게 딱 부러지게 나눌 수 있을까? 먼지가 없는 무균 상태의 공기만 들이마시며 살 수 없고, 자연수를 증류해 불순물 제거한 증류수만 마시며 살 수 있는 것도 아니다. 그런데 순수문학, 순수시라니? 순수한 상태에서는 어떤 생명체도 살 수 없다. 순수시는 결국 난해한 쪽으로 가게 된다. 어려운 시, 쉬운 시가 있는 게 아니라 좋은 시, 나쁜 시가 있다는 말도 그래서 나왔을 것이다.

순수문학파는 자기 관념에 빠져 있는 것처럼 느껴질 때가 많다. 그래서 독자에게는 피해를 덜 주는 듯도 하다. 난해한 것은 외면하면 그만이니까. 물론 시는 어려워도 유통될 수 있다. 그러한 까닭에 모더니스트 시인 엘리엇은 '시는 이해되지 않고도 전달될 수 있다.' 고 했는지도 모른다.

그럼 참여문학은? 참여문학의 가장 치명적인 약점은 자신만이 옳다고 하면서 선동시 같은 것을 남발하는 데 있다. 남을 움직이려면 쉬워야 한다. 그래서 참여시의 하나인 민중시는 쉽다. 민중시에 대한 반성은 쉬운 시에 대한 반성이 아니고, 그런 시를 쓴 사람이 대장 노릇을 하는 대목에 있다. 흔히 민중시인 자신은 베이스캠프에 있으면서 대원들만 산에 다녀오라고 하는 일에 비유된다. 그것도 자기가 다녀온 길로만!

'나처럼 해 봐'가 아니라 '나랑 같이 해 보자' 하는 태도가 필요해요.

맞아. 그런 사람들도 너처럼 생각하면 좋을 텐데….

가장 좋은 시는 자신만의 삶의 방식과 내용으로 기존 형식에 붙들리지 않고 쓰는 일일 것이다. 시는 쓰는 사람에 따라 다 다른 방식으로 지어질 수밖에 없다. 자기만의 방식과 내용을 언제나 옳다고 고집할 수 없는 일이다. 세상 사는 게 다 그렇겠지만.

개는 나면서부터 짖고,

사람은 살아가며 글을 짓는다!

2장

글쓰며 사는 삶

백구의 일상 맛보기
주인님은 글쓰기를 좋아해 2

오랜만에 말을 많이 했더니 목 탄다…

하암~
몇 날 며칠 밤잠 설칠 때
마감이 코앞인데 집필 속도가 더딤.
다녀올게!
출판사 약속
새로운 계약 관련 자리일 가능성 높음.
미... 미안
독한 방귀를 연달아 뀔 때
엉덩이와 의자가 '합'을 이룬 시기. 대체로 집필에 불이 붙었을 때.
내 안경~
마시지도 못하는 술을 마셨을 때
뜻밖의 좋은 일이 있거나. 혹은 그 반대.
그러니 나는 궁금해지는 거야. 대체 글이 뭐길래?
창작의 괴로움이 삶을 더 좋게 이끈단다.
괴로운데 행복하다니, 예술이란 참 아이러니해.
서당개 형님이 살아 계실 적에는 스마트폰은커녕 TV도 없었대.
벌떡!
책보다 재미있는 게 어디 있는가? 책 만세!
요즘은 스마트폰, 게임, SNS 등 재미난 게 무지 많잖아. 한마디로 책은 비인기 종목.
딸깍
와, 훅 빨려 들어간다···

자꾸 눈물이 앞을 가리네…
You Tube
나도 '백구 먹방' 찍어서 박쌤을 도와줄까?

그런데 말이야… 그럼에도 누군가는 그림을 그리고, 누군가는 음악을 만들고, 누군가는 글을 쓰고 있잖아?
참고로 난 다 잘하지!

그래, 저마다 방식이 다를 뿐 '이야기'를 세상에 건네고 있는 거야.
나도 언젠가 삶의 기록을 남겨야지. 서당개 형님처럼.

박쌤이 뭔가 집중해서 쓰기 시작했어.
오호라~!
얼른 가 보자고! 무브, 무브!

가깝고도 먼 사이, 소설 vs 수필 vs 시

수필은 소설과 시의 경계에 있는 문학 갈래다. 이 말은 수필이 산문인 소설과 운문인 시의 특장을 가지고 있다는 이야기이다. 물론 잘 쓰인 수필인 경우에 그렇다. 자칫하면 죽도 밥도 아닌 잡글이 되기 마련이다. 소설과 시의 단점만 드러난다면……. 생각만으로도 안타깝다. 그것은 경계에 있는 모든 것의 운명이기도 하다. 함민복 시인이 '경계에 꽃이 핀다'고 노래한 까닭도 그래서였을까. 여하튼 수필 쓰는 이들은 수필의 특장을 잘 알고 경계에 꽃이 피게 해야지 죽도 밥도 아닌 잡글을 쓰면 안 된다.

그런데 요즘은 많은 이들이 수필이라는 명칭에 휘둘려 붓 가는 대로(요즘 말로 하면 자판에 손가락이 '찍는' 대로!) 쓰는 게 수필인 줄 안다. 가장 개성적인 문학이라는 말에 속아 주절주절 넋두리 수준의 수다를 펼쳐 놓고 수필이라고 하는 경우도 있다.

개나 소나 다 수필 쓴다고 달려들지만 제대로 된 수필은 드물어!

나도 개잖아요. 수필 쓴다고 달려들지 않았는데….

너는 사는 게 바로 수필이야! 아니, 문학이지!

하, 내 삶이 수필이고 문학이라고요? 제대로 봤네!

명토 박아 이르건대 수필은 붓 가는 대로 쓰는 글이 아니고, 손가락 움직이는 대로 찍기만 하면 되는 글도 아니며 넋두리는 더더욱 아니다. 수필은 산문 정신과 시 정신을 아울러 가지고 있는 문학 갈래다. 그래야 경계에 꽃을 피울 수 있다. 산문 정신과 시 정신은 무엇인지 좀 더 알아보자.

산문은 어떤 목적을 이루기 위해 언어를 도구로 사용하는 것을 말한다. 산문의 주요 기능은 의미의 확산, 즉 설명에 있다. 설명을 하려면 운율 같은 것에 구애받지 않고 오로지 독자의 지적인 이해에 호소해야 한다. 말하자면 사실, 상황, 지식, 정보 등을 전달하기 위해 언어를 사용한다. 이때 독자는 글쓴이가 사용한 언어의 사전적 의미나 문맥적 의미를 살펴 설득되거나 반대로 거부감을 나타낼 수도 있다. 독자를 설득하기 위해 산문은 필연적으로 객관성을 띠게 된다. 객관적으로 설명을 하다 보면 비판을 하기도 한다. 바로 이

지점에서 독자는 산문 정신을 본다. 산문가들이 세계를 객관화시키기 때문에 가능한 것이다. 다시 말해 산문은 기본적으로 설명하기, 들려주기, 보여 주기 같은 묘사를 한다.

설명하기는 과학적 글쓰기의 중심이 되는데 독자들이 알기 쉽게, 즉 잘 '알아먹도록' 하기 위해 쓴다.

들려주기는 말 그대로 자신이 들은 것을 다른 이에게 들려주는 것이다. 그런데 이 과정에서 말하는 사람의 주관이나 느낌, 판단 등이 개입한다. 객관적인 들려주기란 거의 없다고 할 수 있다.

보여 주기는 오로지 보여만 줄 뿐 보여 주는 사람의 주관적인 느낌이나 판단이 최소화 된 것을 이른다. 모든 글에는 작가의 주관이 들어가기 마련이지만 될 수 있으면 주관이 덜 들어간 보여 주기 묘사를 해야 글이 설득력을 갖는다. 소설이든 희곡이든 보여 주기를 할 때 더 좋은 묘사가 된다. 판단은 독자가 해야지 글을 쓴 사람이 강요하면 안 되기 때문이다.

그런 걸 일일이 의식하고 쓰려면 머리 아프겠어요.

의식 안 하면 글이 엉망이 된다니까!

글쓰기도 설계를 잘해야 하는 거네요.

그렇지!

그럼 수필은 어떠할까. 내 생각엔 수필도 보여 주기 묘사를 할 때 작가가 말하고자 하는 바가 더 살아난다. 말하자면 사건을 있는 그대로 묘사하는 형상화가 잘되어야지, 글쓴이가 주절주절 진술만 해서는 안 된다. 작가는 진술을 통해 더 빨리 사건의 실체를 알리고 싶어 하는 조급성을 가지고 있다. 조급성을 누르고 의뭉하리만치 시치미 떼면서 묘사를 해 주어야 효과적인 형상화가 이루어진다. 판단은 독자한테 맡기고 작가는 언어로 그려 주기만 하면 된다.

시는 언어가 도구인 산문과 달리 언어 자체가 의미를 갖는다. 시의 언어는 어찌 보면 아주 비실용적이다. 현실적인 의사소통의 도구가 아니다. 언어 자체가 존재 의미를 가질 뿐이다.

시의 주요 기능은 함축이다. 무엇을 함축하는가? 시인의 속내와 정서를 시인이 그 순간 떠오르는 언어를 사용해서 토해 낸다. 그래서 시는 주관적일 수밖에 없으며, 압축과 생략이 생명이다. 이때 리듬감이 발생하여 운율이 형성된다.

시의 묘사는 기본적으로 '낯설게 하기'이다. 낯설게 하려면 주관과 객관을 바꾸거나 대상을 뒤집어 보는 태도가 필요하다. 말하자면 처지를 바꾸어 보는 것, 역지사지이다. 이때 공감 능력이 생긴다.

공감 능력요?

비가 올 때 그냥 우산만 내주는 게 아니라,
같이 비를 맞아 주는 태도지!

내겐 나랑 같이 비를 맞기는커녕 우산 주는 사람도 없는데⋯.

왜 없어? 내가 같이 비 맞잖아.

아, 그렇지요.
나이 드니 기억이 가물가물해서⋯ 지송!

다시 말하자면 산문 정신과 시 정신은 소설로 대표되는 산문과 운문의 대표 격인 시의 바탕을 이르는 말이다. 소설 같은 서사 문학은 기본적으로 자아와 그 자아가 속한 세계의 대립을 다룬다. 그렇기에 설명이 끝나면 모순을 그리고 불합리를 그린다. 이 과정에서 적당히 타협하면 산문 정신이 죽고 만다.

시는 어떠한가? 시는 기본적으로 세계 자체를 자기 안으로 끌어온다. 세계의 자아화를 잘하는 이들이 시인이다. 꽃에 대한 시를 쓰자면 꽃을 바라보기만 하는 게 아니라, 내가 곧 꽃이 되어 보기도 하는 것이다. 그렇게 역지사지하는 태도가 몸에 밴 사람이 시인이다. 시인뿐 아니라 소설가나 수필가도 마찬가지이다. 세상을 바라보고 그 세계를 몸소 느끼고 자신의 언어로 말하는 이라면, 누구나 자기만의 문학을 써 내려가는 셈이다.

곶감은 감으로 만드는데 수필은 무엇으로 만들까?

1. 곶감과 수필

고등학교 교사이자 수필가였던 윤오영. 수많은 수필과 문학 논문을 발표하며 고전 수필의 깊은 세계를 펼쳐 보인 그는 수필을 '곶감'에 비유하였다.

감을 곶감으로 만들려면 먼저 껍질을 벗기는 일부터 시작해야 한다. 이는 문장에서 겉치레를 벗어던지는 과정으로 비유할 수 있겠다. 이어 감을 말리고, 감에 있는 당분이 하얀 시설로 앉게 하는 과정을 거친다. 곶감 거죽에 돋은 하얀 가루가 바로 시설柹雪이다. 시설은 감이 덜 익거나 상하면 생기지 않는다. 시설은 글의 정서적이거나 신비적인 이미지로 볼 수 있는데, 수필은 이런 이미지가 둘러싸고 있어야 한단다. 시설이 내려앉으면 마침내 둥글납작하게 만들어 곶감으로 접을 수 있다.

감은 오래가지 못하지만 곶감으로 만들어 놓으면 두고두고 오래 먹을 수 있다. 윤오영은 수필이 딱 그 짝이라고 했다. 감으로 만든 곶감! 수필의 바탕은 생활이지만 생활의 경험이나 느낌을 적은 글이 곧바로 수필이 되지 않는 것과 마찬가지이다.

다시 말해 생활은 수필의 밑바탕이 되지만, 생활하면서 얻은 생각이나 겪은 상황을 글로 적는다고 다 수필이 되는 건 아니다. 생활글이 수필이 되려면 곶감 만드는 과정과 같은 작업을 거쳐야 한다.

감은 오래가지 못하지만 곶감은 오래간다.
내 멋진 모습도 오래가지 못해서 박쌤은
사진으로 날 찍어 놓는다. 사진은 오래간다며….

맞아. 너의 모습을 오래오래 보고 싶거든.

고맙긴 한데 사진 보면 우울해지는 게 흠이에요.
오늘의 나는 어제보다 늙었으므로….

2. 감나무와 고욤나무

감나무는 고욤나무와 비슷하게 생겼지만 서로 다른 나무다. 감나무엔 감이 열리고, 고욤나무엔 고욤이 열린다. 감은 곶감이 되지만 고욤으로는 곶감을 만들지 못한다. 우리 속담에 '고욤 일흔이 감 하나만 못하다.'는 말이 있는데, 이는 고욤과 감의 특성을 아주 적절

하게 비유한 표현이다.

윤오영은 소설을 밤에 비유하고 시는 복숭아에 비유했다. 밤나무에 못 먹는 쭉정이가 열리더라도 밤나무라 하지 쭉정나무라 하지 않고, 복숭아에 못 먹는 뙈기 복숭아가 섞여 열려도 복숭아나무라고 하지 뙈기나무라 하지 않는단다. 밤나무는 무슨 열매가 열리든 밤나무고, 복숭아나무는 뭐가 열리든 복숭아나무다. 그러기에 잘되었든 못 되었든 소설은 소설이고 시는 시이다.

하지만 수필은 다르다. 두 나무가 아무리 비슷하게 생겼어도 감나무엔 감이 열리고 고욤나무엔 고욤이 열린다. 고욤으로는 절대로 곶감을 만들지 못한다. 곶감은 오로지 감으로만 만든다.

그렇다면 좋은 수필을 쓰려면 어찌해야 할까? 일단 감나무인지 고욤나무인지 잘 살펴야 할 것이다. 이는 생활에서 나온 것이 수필의 소재가 되는지 안 되는지 판단을 잘해야 한다는 의미이다. 이어 감으로 곶감을 정성껏 만들듯이 글을 써야 한다. 시설이 잘 내려앉지 않으면 어디가 잘못되었는지 돌아보아야 한다. 그래야 잡문이 되지 않는다.

좋은 감이 열리게 하기 위해 고욤나무에 감나무를 접붙인다. 감씨를 바로 심어 키우면 그 나무엔 좋은 감이 열리는 게 아니라 고욤같이 먹을 것도 없고 보잘것없는 '땡감'이 열린다. 글이 잡문 수준으로 떨어지지 않고 수필 작품이 되기 위해선, 고치에서 실을 뽑아내듯 소재가 되는 '삶의 소출'을 어찌해야 하는지 시사하는 바가 크다.

나를 진돗개 아닌 다른 개와 접붙이는 것 아니죠?

너는 너야! 진돗개는 진돗개지!

3. 윤오영 수필의 특징

윤오영의 수필은 그의 말대로 '깔밋하다'. 깔밋하다는 '깨끗하고 아담하거나, 손끝이 야무질 때' 쓰는 말이다. 이 말대로 윤오영의 수필은 깨끗하고 아담하다.

윤오영의 개성이 잘 드러난 대표 수필을 들라면 거개가 「방망이 깎던 노인」이나 「소녀」를 앞자리에 둔다. 윤오영의 수필은 장황하지 않다. 그러나 여운은 길다. 이는 그가 늘 주장한 대로 문단의장文短意長에 부합한다.

문단의장. 글은 짧게 쓰고 글에서 말하고자 하는 의미와 여운은 길어야 한다. 윤오영의 수필 대부분이 자신의 글 철학과 일치한다. 어느 글이든 그리 길지 않고 작품 수도 많지 않다. 그러나 음미할 만한 여운은 깊고 길다.

나는 평소에 한 줄의 시로 감동을 못 주니 여러 권의 소설을 쓰고 있다고 말한다. 이는 내 자신에 대한 질책이기도 하다. 윤오영의 수필은 시에 가깝다고 할 만하다. 단 몇 줄로 감동을 주는 수필. 여백과 함축이 되레 독자에게 긴 여운을 안긴다.

4. 수필의 특성

수필은 형식이 따로 없어 자유롭다고 하지만 이게 함정이다.

수필은 그야말로 글쓴이의 개성이 고스란히 드러나는 문학 형식이다. 붓 가는 대로 아무렇게나 쓰면 안 된다. 노래 잘 부른 사람에게 재창을 청하면 대부분 신청곡을 받겠다고 한다. 이는 아무 노래나 자유롭게 부르기가 더 어렵다는 이야기이다. 딱 정해 주면서 그 노래를 들려 달라고 하는 게 더 쉽다는 의미나 마찬가지인 셈이다. 또 다른 예로, 식당에 가서 종업원에게 "아무거나 주시오." 하면 무척 당황스러워 한다.

'한국 단편소설의 완성형'이라 불리는 작가 이태준은 『문장강화』에서 '수필은 한 감상, 한 소회, 한 의견이 문득 솟아오를 때 설명으로 되든, 묘사로 되든, 가장 솔직한 대로 표현하는 글이다.'라고 했다. 그러면서 '솔직하기 때문에 논문보다 오히려 찌름이 빠르고 날카롭고, 형식에 잡히지 않기 때문에 아름다운 시경詩境이나 가벼운 경구, 유머가 적나라하게 나타나 버린다.'고 했다.

르네상스기의 프랑스 철학자이자 수필이라는 장르의 개척자로 일컫는 몽테뉴는 집필에 앞서 '자연스럽고 있는 그대로의 꾸밈없는 자신을, 결점까지도 감추지 않고, 타고난 모습 그대로 그리겠다.'고 했다.

이태준과 몽테뉴의 말을 종합하면 수필이란 작가의 단점까지도 그대로 드러내는 솔직성을 바탕으로 한 개성적인 문학이고, 논문보다는 훨씬 더 대중적인 글이다. 그러고 보면 수필이란 '솔직성을 바탕으로 한 개성적인 문학이고 보통 사람을 독자로 한 글'이다.

5. 수필의 문장

문학은 언어를 도구로 한다. 문학의 언어는 일상의 언어와 같을 수도 있고 다를 수도 있다. 문어체와 구어체는 분명 다르다. 말하는 걸 그대로 글로 적으면 바로 문학 언어가 될 것 같지만 그렇지 않은 경우가 많다.

시에서는 시적 자아를 내세우지만 시인의 개성이 묻어날 수밖에 없는 시어를 구사한다. 소설에서는 등장인물 가운데 한 사람을 화자로 내세우지만 화자는 어찌 보면 소설가의 대리인이다. 소설가는 화자가 되는 등장인물을 통해 자신의 생각을 피력한다. 그럼 수필에서는 어떨까. 수필은 시적 자아나 화자가 따로 존재할 필요가 없다. 글쓴이의 자아가 그대로 드러나는 게 수필이다. 글쓴이의 개성이 한 글자, 한 문장 안에 다 들어 있다.

좋은 수필은 시에 가까운 압축이나 여백, 이미지, 서정성 등을 활용하면서 여운이 길게 남는 글이다. 수필은 기본적으로 산문에 속하지만 산문의 속성인 설명, 비판, 세부 묘사에만 머물면 안 된다.

수필은 시와 산문의 좋은 것만 들어 있네요.

그래서 사실은 쓰기 힘든 거야.

수필 쓰기에 도전해 볼까 봐요.

그래, 배움을 실천하는 것도 좋은 생각!

요즘은 수필이라는 말보다는 '에세이'라는 말에 더 매력을 느끼는 이들이 많다. 하지만 서구의 에세이가 곧바로 우리의 수필이 되는 게 아니다. 그럼에도 에세이라는 말이 (지금도 구분 않고 쓰는 이들이 많지만) 수필을 대신하고 있다.

몽테뉴는 자신의 책을 쓰면서 'essai'라는 말을 만들어 냈다. 자유를 어느 정도 충실하게 묘사할 수 있는가, 말 그대로 시험해(essais) 본 것이다. 이 책은 국내에 『수상록』으로 번역되었다. 훗날 영국의 정치가이자 철학자인 베이컨도 『수상록』을 펴냈다. 국내에 '수상록'이라 번역된 이 두 책은 수필의 원조로 높이 평가받고 있다.

프랑스어권의 'essai', 영어권의 'essay' 모두 우리는 흔히 수필로 쓴다. 굳이 따지자면 몽테뉴의 수필은 미셀러니, 즉 경수필輕隨筆이고 베이컨의 수필은 에세이, 즉 중수필重隨筆이다. 지금 수필이라고 하는 글은 대부분 '미셀러니'라고 할 수 있다. 사실 서구의 '에세이'는 '소논문'이고……. 수필을 소논문이라고 할 수는 없지 않은가!

일상의 말, 문학의 말

어렸을 적, 신문에 이런 광고가 자주 실렸다.

'美人會話(미인회화) 월 ○○만 원'

이 문구를 보고 어린 마음에 들떴던 기억이 난다. 한자를 좀 배웠다고 곧이곧대로 뜻을 짐작하고는 '아름다운 미인이 회화를 가르친다.'는 내용인 줄 알았던 것이다. 그런데 여기 이 미인은 '미국 사람'이었다. 미국 사람이 생활 영어를 가르친다는 광고였다.

앞뒤를 살피면 미국 사람인지 쉽게 알 수 있었을 텐데.

나 어렸을 땐 사람을 미인인가 아닌가로만 판단했거든!

또, 또, 삐치시긴!

이 기억을 떠올린 이유는 일상의 말과 문학의 말이 어떻게 다른지 생각해 보기 위해서다. 자, 생활 영어는 무엇일까? 쉽게 말해 일상생활에 필요한 정보를 주고받는 영어다. '남대문은 어디로 갑니까?' '서울에서 부산은 거리가 어느 정도 됩니까?' 이런 게 생활 회화다.

문학의 대화는 회화를 바탕으로 하지만 좀 더 신중하고 조직적으로 이루어진다. 둘 이상 주고받는 말이지만 생활 회화보다 지적이고 철학적이다. 때로는 일상 그대로를 재현한 듯 날것의 느낌도 든다. 이러한 문학 속 대화를 통해 작중 인물의 성격, 기질, 개성 등을 파악할 수 있다. 나아가 문학적 사건의 서사적 정보도 알 수 있다.

문학의 대화는 일상의 회화보다는 더욱 명확하고 흥미로우며 관계 지향적이다. 생활 회화처럼 사실적이되 군더더기 없이 정제되어 있어야 한다.

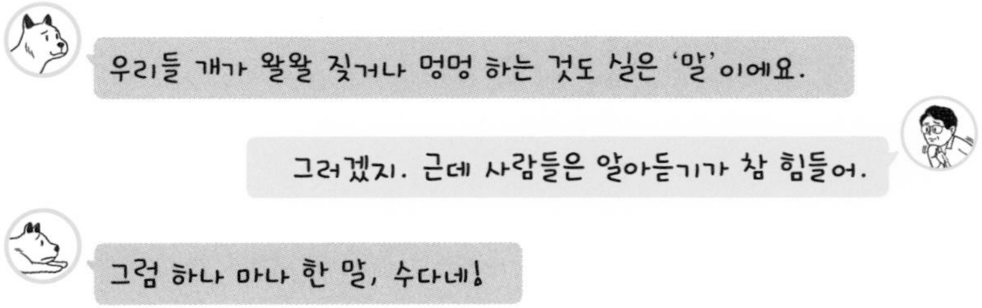

문학에서 대화의 '쓸모'는 참으로 많다. 가장 먼저 고려할 사항은 이야기 속 인물의 신분이나 교양의 정도에 맞게 대화를 처리하는 것이다. 나아가 인물이 지니고 있는 다양한 특성, 즉 신체적, 환경적,

내면적 특성 등도 말투에서 묻어나야 한다. 그 점은 현실에서도 마찬가지 아닐까? 말을 들어 보면 그가 어디서 태어나 자랐는지는 물론, 어떤 성격을 지녔는지, 무엇을 하고 살았는지까지 짐작할 수 있다. 문학에서는 그게 더 '의식적'이어야 한다. 이어 한 사람의 말이 다음 사람의 말로 매끄럽게 이어져야 한다. 의도상 횡설수설해야 하는 장면이라면 몰라도 일부러 횡설수설하면 안 되고 불필요한 군더더기도 없어야 한다.

독버섯 같은 문장을 주의하자

강원도 어느 산골에서 1박2일로 중고등학교 교사들을 만났을 때 일이다. 책 읽기와 글쓰기에 관해 이야기를 나누는 자리였다. 이틀째 되는 날 새벽, 아침 식사 전 숙소 뒷산 길을 걸으면서 여러 이야기를 나누었다. 비가 내린 뒤여서 산길에 버섯이 많이 피어 있었다. 다들 그걸 보며 식용 버섯이냐 아니냐로 설왕설래했다.

나는 버섯 이름은 알 수 없었지만 글쓰기와 연결하여 이야기했다. "버섯의 외양이 화려하면 화려할수록 독버섯일 가능성이 많으므로 먹으면 안 된답니다. 같은 이치로 문장도 화려하게 쓰려 하지 마십시오. 문장의 겉모습을 화려하게 꾸미려 들면 되레 비문이나 악문이 되기 십상입니다."라고 직업의식을 발휘했다.

개도 번지르르하게 외양만 꾸미면 별로지요.

그런 개는 쥐도 못 잡아!

요즘 개가 쥐를 어디서 잡아요….

흠흠, 나 어릴 적 옛날에 진도에서 그랬다는 얘기야.

애고. 까마득한 시절이네요, 뭐.

화려한 수식이 많으면 문장의 취지는 간데없고 나쁜 문장이 될 확률이 크다. 뱀도 화려하면 독을 품은 독사일 확률이 크다. 화려한 것들은 그 속에 독을 숨기고 있을 가능성이 크다는 말이다.

외화내빈外華內貧이라는 말이 있다. 독버섯이나 독사의 경우 외화내빈 정도가 아니라 외화내독外華內毒인 경우가 많지만 말이다. 겉이 화려하면서 속에 독을 품고 있는 게 어디 버섯과 뱀뿐이랴. 60년 가까이 살아 보니 이는 사람도 마찬가지이더라…….

생각의 속도와 손의 속도

'필기구의 변천사는 곧 글쓰기의 변천사'라는 게 나의 오랜 생각이다. 그도 그럴 것이 붓으로 글씨를 쓰거나, 펜이나 연필로 글을 끼적일 때, 컴퓨터로 글자를 찍을 때 느낌이 다르다. 생각의 속도와 손의 속도에 있어서…….

나는 몸으로 쓰지요!

잉? 백구 네가 어디에다가 글을 썼어?

이 집에 오기 전 마당 있는 집에 살 때 눈밭에 내가 얼마나 많은 글을 새겼는데요!

손바닥만 한 마당도 네겐 귀했구나….

『혼불』을 쓴 최명희 작가는 살아생전 만년필로 원고지에 글을 썼다. 만년필에서 잉크가 흘러나와 원고지를 적시는 모습이 마치 손가락 끝에 피를 묻혀 가며 바위에 한 자 한 자 새기는 것 같다고 하였다. 단단한 바위를 쪼아 글자를 새길 날카로운 정 같은 쇠붙이를 갖지 못해 그렇다면서…….

아직도 펜으로 글을 쓰는 걸 고집하는 작가가 몇 있다. 이른바 수제품을 내놓는 것이다. 수제품 중에는 그 가치를 귀하게 평가받는 명품이 많다. 악기나 가방 등에만 해당되는 건 아니다. 글쓰기도 마찬가지이다. 손으로 쓰는 작가 가운데 특히 유명한 이는 『태백산맥』의 조정래 작가. 그는 모든 글을 원고지에 만년필로 한 자 한 자 한 자 적어 나간다. 그렇게 쓴 원고지가 자신의 키를 넘는다고 한다.

그러고 보면 나는 명품 가운데에서도 명품이네!
손으로만 써도 명품인데, 몸으로 쓰니까!

알아먹게 써야지.

모르시는 말씀! 명품은 원래 알아보기가 힘들어요.
눈 밝은 사람들에게 인정받는 법이죠, 훗!

명품도 명품 나름이지.

휴…. 일부러 모른 척하는 건 아니죠?

대학의 문예창작과에서 훈장 노릇을 한 초기인 1990년대 중반에는 학생들 과제 대부분이 손 글씨였다. 그래서 내용을 칭찬할 수 없을 때는 '글씨를 참 잘 쓰는구나.' 칭찬이라도 할 수 있었다. 물론 악필인 경우는 이런 말도 할 수 없어 난감했지만 말이다.

1990년대 후반을 지나고 2000년을 넘어서며 본격적인 컴퓨터 시대가 되었다. 그러면서 컴퓨터 작업으로 과제를 내는 게 당연한 일이 되었다. 컴퓨터로 '찍어' 매끈하게 인쇄한 글은 읽기에는 무척 편했다. 하지만 학생들 개성이 사라진다는 아쉬움을 많이 느꼈다.

습작을 하고 문예지에 투고하던 시절에는 나도 원고지에 글을 썼다. 그러다가 타자기는 건너뛰고 워드프로세서로 글을 썼고 컴퓨터로 넘어왔다. 지금은 나 역시 거의 모든 글을 컴퓨터로 찍는다. 컴퓨터로 글을 찍던 초기에도 초고는 공책이나 연습장에 마구 쓴 뒤 정리할 때 컴퓨터를 사용하였다. 이때만 해도 컴퓨터가 내 생각의 속도를 따라가지 못했다. 그러나 이제는 컴퓨터로 찍어야 생각의 속도가 같아진다. 컴퓨터로 글을 찍는 게 너무 빨라서 가끔은 두렵기도 하다.

사실 컴퓨터로 글을 찍을 초창기에도 시만큼은 신문에 들어 있는 광고지 뒷면에 볼펜으로 끼적거려야 했다. 그런데 지금은 산문은 물론 시도 컴퓨터로 찍는다. 볼펜으로 쓴 시와 산문은 컴퓨터로 찍은 것과 느낌도 정서도 다르지 않을까 싶다. 그래서 그 무렵에 쓴 초고지를 아직도 못 버리고 있다.

얼마 전 들은 이야기인데, 남미에 간 어느 고고학자가 일행과 함께 한참 차로 길을 달린 뒤 잠시 쉬기로 했다. 길가에 앉아 숨을 돌리고는 다시 출발하고자 자리에서 일어서는데 현지에서 고용한 사람들이 따라 일어나지 않았다. 고고학자는 조바심이 나서 빨리 가자고 재촉했다. 그러자 현지인 가운데 한 사람이 "우리가 너무 빨리 달려와 시간이 우리를 좇아오지 못했다. 시간을 더 기다려야 한다."고 했단다.

문득 '기다림'의 시간을 다시 생각해 본다. 글을 기다리는 시간들을…….

생각을 기다린다…. 그럴싸하네요!

너는 온종일 먹을 것을 기다리지?

아뇨, 나도 생각을 기다려요. 쌤한테 나누어 줄 생각을….

사랑이라는 이름의 서사

언젠가 문학 강좌 수강생 하나가 '어떻게 사랑이 변하니?'라는 제목으로 글을 써 왔다. 이는 영화 〈봄날은 간다〉에 나온 대사로 대중적으로 한창 유행한 표현이다. 영화 속 남자는 사랑이 변한다는 사실에 끙끙 앓아누울 만큼 순수했고 여자는 남자보다 현실적이었다. 수강생은 여자의 입장에 공감한다면서 자신 역시 사랑이 변한다고 생각한단다.

그 이야기를 듣고, 사랑이 서사가 되려면 어때야 하는가를 생각했다. 흔히 사랑은 '확인하는 것이 아니라 만들어 가는 것'이라고 말한다. 서사는 사람과 사람, 사람과 사물 내지는 대상이 서로 마주칠 때, 마주치는 과정을 통해 일어나는 사건의 흐름이라고 할 수 있다. 그런 차원에서 보자면 사람과 사람이 관계를 어떻게 맺는가, 어떻게 부딪치는가에 따라 사랑도 서사가 될 수 있다.

한때 인기리에 방송되었던 드라마 대사 "아프냐? 나도 아프다." 가 인구에 회자된 적이 있다. 방송된 지 10년도 더 지났지만 요즘 학생들도 그 말을 알고 있다. 명대사여서 그렇단다. 말 그대로 '어록'이 되었나 보다.

나도 그 말 알아요.

너도?

난 항상 아프니까요!

네가 아프니까 나도 아픈 거야!

세월 앞에 장사 있나요….
쌤이나 나나 같이 늙는 처지. 흑흑!

여하튼 '아프냐? 나도 아프다.'라는 이 한마디에서 나는 사랑의 서사를 느낀다.

만약 남자가 여자에게 '내가 너를 무지 사랑하는데' 하면서 건성으로 혹은 지나가는 말로 '사랑이 어쩌고저쩌고' 하며 확인하려 들었다면, 그 마음을 진심으로 온전하게 받아들일 수 있을까? 사랑을 사랑이라 하며 매번 확인하려 들면 서사가 일어나지 않는다. 사랑이란 말을 쓰지 않으면서도 사랑의 감정을 느낄 수 있는, 다른 말을 쓰지만 사랑임을 알 수 있을 때 비로소 서사가 일어난다. 상대방이 다쳐서 아플 때, 나도 무척 아프면 그때 사랑이 발생한다. 사랑하기 때문에 사건이 발생하고, 서로의 관계성이 입증되며 서로 마주하는 상응성이 생기기 때문이다.

사건이 발생하는 것, 그게 바로 서사다. 그런 차원에서 보면 사랑은 확인이 아니고 만들어 가는 과정 속에 존재한다. 사랑이라는 말을 전혀 쓰지 않으면서 사랑의 사건을 일으켜 서사를 발생시키는 것이야말로 진정한 사랑이 아닐까?

사랑하는 사람끼리 사랑이라는 말을 써서 사랑의 상태를 확인하면 감동도 줄어들지만 구체적인 사건이 없으므로 서사가 일어나지도 않는다. 구체적인 사건이 없을 때 추상적인 사랑이라는 말을 남발하게 된다.

그러니까, 사랑은 말로 하는 게 아니네요.

사랑은 말로 하는 게 아닌 것도 맞지만,
사랑을 하는 이들은 사랑이라는 말을 안 쓴다는 거지!

요즘은 '사랑해' '사랑해' 다들 잘도 하던데.

사랑의 유통기한이 점점 짧아지는 것도
그 이유 중 하나가 아닐까?

생각해 볼 이야기네요!

꽃나무는 꽃의 이름으로 기억된다

백일홍처럼 백일 동안 붉게 꽃이 피는 꽃나무도 있지만 대부분 꽃나무는 열흘 이상 꽃을 피우지 않는다. 그래서 '열흘 붉은 꽃은 없다.'는 뜻의 화무십일홍花無十日紅이라는 말도 생겨난 것이리라. 이 말은 권불십년權不十年에까지 이어져 영원한 권력이 없다는 의미로, 권력의 무상함을 일컫는 뜻으로도 사용된다.

꽃나무를 가만히 들여다보자. 일 년 내내 꽃을 매달고 있는가? 그렇지 않다. 어떤 꽃나무든 일 년 내내 꽃을 매달고 있는 꽃나무는 없다. 일 년 가운데 꽃 피는 기간은 기껏해야 열흘 남짓이다. 일 년 가운데 나머지 기간, 즉 350여 일은 꽃을 피우고 열매 맺기 위해 준비하거나 시들어 간다.

꽃나무는 우선 뿌리를 땅에 내리고 얼마간 자라야 한다. 자라는 과정에서도 시련이 많다. 온갖 병충해에 시달리고 비바람도 이겨내야 한다. 그렇게 해서 어렵게 꽃을 피우고는 이내 곧 시들어 간다. 하지만 꽃은 그 열흘 때문에 그 꽃나무의 이름을 얻는다.

꽃들이 그가 피운 꽃으로 기억된다면 대부분의 새들은 '우는 소리'로 기억되어 그 소리가 새의 이름이 된다. 그런 까닭에 새는 흔히 제 이름을 부르며 운다고 한다. 뻐꾹뻐꾹 하고 울면 뻐꾸기, 까악까악 하고 울면 까마귀……. 우는 소리가 아닐 수도 있지만 어쨌든 사람들은 새들의 소리를 울음으로 여긴다. 어쩌면 새들의 소리는 그들의 언어이자 의사소통 도구인지도 모른다. 아니면 웃음소리인지도……. 어쨌든 꽃은 피어난 자태로, 새는 울음소리로 사람의 기억 속에 자리 잡는다.

횟집 앞에 있는 수조 속 바닷물고기를 보자. 그들은 좁다란 수조에 갇혀 있으면서도 쉬지 않고 헤엄을 친다. 물고기들은 대양에서 자유롭게 헤엄치던 기억을 몸에 지니고 있다. 그때가 그들의 가장 빛나던 순간이었을 것이다. 그러기에, 곧 죽을 처지인데도 유유히 움직이는 것이 아닐까?

그렇다면 사람은 무엇으로 기억될까? 요즘은 그 척도를 '성공'에 두는 것 같다. 대부분의 사람은 성공하려고 애를 쓴다. 사람마다 기준이 다르지만 어쨌든 자기 분야에서 인정받고 성공하고자 한다. 이런저런 어려움이 있었음에도 결국 성공했다면 사람들은 오로지 성공만으로 그 사람을 기억한다.

쌤, 나는 나중에 무엇으로 기억될까요?

왜 갑자기 진지해진 거야…. 부담시려!

그냥 흰 털 가진 개로 기억되겠죠?

아니 아니, 글까지 썼던 작가집 개로!

나름 성공한 셈이겠죠?

그렇고말고!

그런데 사람은 그처럼 간단한 존재가 아니다. 단지 돈을 많이 벌어 성공했다는 것만으로 한 사람의 생을 이야기할 수 있을까. 인생의 진정한 부자는 재산이 많은 이가 아니라 추억이 많은 이가 아닐까. 몸에 박힌 한때의 기억으로 한평생 살 수 있는 힘을 얻는 게 사람이다. 대체로 사람은 현재의 상태를 두고 평가되지만, 그렇게 평가되는 그 자신은 본인의 '속 모습'을 알고 있다. 자신의 정체성으로 가장 내세우고 싶은 것, 내세워야 하는 것이 무엇인지 안다.

화려한 시절 한때는 그야말로 쏜살같이 지나간다. 지금의 상태가 어떠하든 누구나 자신의 가장 빛나는 순간을 간직하고 있을 것이다. 그렇다면 그 순간을 가볍게 여겨서는 안 되리라. 평생의 밑천이 되기도 하고, 자신의 전부로 여겨질 수도 있는 순간인 것을. 다른 사람들은 현재의 모습으로 자신을 기억하더라도 자신은 지금의 성공보다 더 화려했던 시절(자신만의 꽃이 피던 시절!)을 알고, 기억한다. 저마다 간직하고 있는 빛나는 시절은 자신만이 안다. 순간이 그 사람의 정체성이다.

개똥은 약에 쓰려면 없지만,

좋은 문장은 언제든 꺼내 쓸 수 있다!

3장

오! 나의 문장들

백구의 일상 맛보기

주인님은 글쓰기를 좋아해 3

째깍째깍
에헴. 이번 장에서는 진지 모드로. 시간에 대해 생각해 본 적 있어?
그래. 지금 이 순간에도 흐르는 시간 말이야.
아니, 벌써 시간이 이렇게나?!
어떨 때는 하루하루가 너무나 지겨워 죽을 노릇인데
밥—잠—밥—산책— 밥—잠—밥—잔소리— 밥—밥—잠—산책···
일주일 스케줄
한 달, 한 계절, 일 년이 훌쩍 지나가잖아. 그게 바로 인생인가?
올해도 이룬 것이 없구나···

개들의 1년은 사람의 7년이라고들 해. 내게 한 해가 지난다는 건 칠 년의 세월이 지난 셈이지.
곧 박쌤 나이를 따라잡겠어.
이거 참, 마냥 좋지도 않고, 애매하구먼···
나이가 들어가니 나도 더 진지해질 수 밖에. 에헴.
가는 세월~ 하, 술 땡기네···
아무리 동안이어도 나이 든 티는 못 숨기겠다.
요즘은 다들 너무 바쁘게 살고 있잖아. 뭐든 빨리빨리. 후딱후딱.
허허허
허허허
예외: 늘 느긋하게 웃기만 하는 박쌤
산책 다니다 보면 그런 모습들이 자주 눈에 들어와.

휴대폰에 얼굴을 박은 채, 무심한 표정으로, 바삐 걸어가는 사람들.
위험해 보인다!
박쌤은 그런 풍경을 보며 '사람'이 보이지 않는다고 하더라고.
그럼 저기 저 사람들은··· 좀비?
다들 어떻게 지내는 걸까? 잘 살고 있는 걸까?
슝~
안녕? 잘 지내?
헉!
잠깐 멈춰 봐.
남은 이야기를 들어볼 시간 정도는 있지?
자, 그럼 박쌤의 이야기 속으로!

글쓰기 비법? 우선 책부터 읽자!

'글을 잘 쓰는 방법에는 세 가지가 있다. 그런데 그 세 가지를 아는 이는 아무도 없다!'

글쓰기를 두고서 이렇게 너스레를 떤 사람이 영국의 소설가 서머싯 몸이라고 기억한다. 이 말에 따르면 글쓰기 방법은 사람마다 다를 수밖에 없고, 글을 잘 쓰는 방법은 아무도 모른다는 것. 소설가 조정래 역시 '그냥 썼다. 계속 썼다. 잘 쓸 때까지…….'라고 말했고, 황석영은 '글은 왼쪽에서 오른쪽으로 쓴다. 궁둥이로 쓴다. 생각이 안 나면 코딱지 후비고, 라면 끓여 먹고 그러면서 계속 썼다.'라고 덤덤히 말하기도 했다.

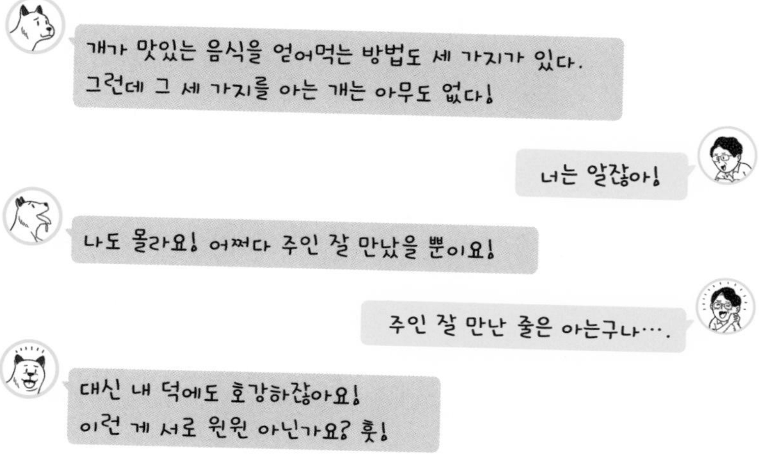

나는 글쓰기를 배우는 학생들에게 '쓴다. 고로 존재한다.'고 은근히 압박(?)을 하며 '쓴다……또 쓴다~.'라는 글귀를 명함에 박았다. 글쓰기에 특별한 비법이 따로 있는 게 아님을 강조하기 위해서다.

글쓰기란 '앞 강물이 뒤 강물을 끌어오듯이, 또 뒤 강물이 앞 강물을 밀고 가듯이' 하는 게 아닐까. 처음엔 쓸 말이 없지만 첫 문장을 쓰면 신기하게도 계속 써지는 게 글이다. 그러니 글을 잘 쓰려면 일단 첫 문장 쓰는 게 중요하다.

사람들은 대부분 첫 문장 쓰기를 두려워한다. 작가인 나도 마찬가지이다. 첫 문장을 시작하기란 언제나 쉽지 않은 일…….

그럼에도 문장을 쓰고, 틈틈 책을 읽어 나간다. 모름지기 책은 스스로 생각할 힘을 만들어 준다. 그런데 가끔 뉴스를 보다 보면 정치인들은 '생각의 힘'을 잃어버린 게 아닌가 싶다. 이른바 '좋은 대학'

다니고 열심히 '공부'했을 텐데……. 어쩌다 그렇게 정신줄 놓고 사는 것처럼 이상해져 버렸을까. 책을 제대로 읽긴 한 걸까? 아이들 말마따나 생각이나 개념은 전부 안드로메다로 보내 버린 듯하다.

연암 박지원은 그의 소설 『양반전』에서 士大夫(사대부)를 두고 이런 말을 했다. 독서를 하면 士(사)요, 정치에 종사하면 大夫(대부)라고……. 선비는 책을 읽는 게 의무인데, 독서를 하여 학식은 물론 개인적인 수양도 하다가 기회가 닿으면 벼슬을 한다는 이야기이다. 그 말을 되새기니 요즘의 정치인들을 더욱 이해할 수 없는 일이다. 우선, 책부터 읽자!

뼈가 예쁜가? 살이 예쁜가?

사람 외모를 두고 '예쁘다/안 예쁘다' 구분 지어 말할 때 뼈를 바탕 삼을까? 살을 바탕 삼을까? 모르긴 몰라도, 열이면 열 모두 뼈가 예쁘다고 하진 않을 것이다. '그 사람 예쁘다.' 하지 '그 사람 뼈가 예쁘네!' 하지는 않을 테니 말이다. 물론 '그 사람 살이 예쁘네!'라고도 하지 않는다. 하지만 예쁘다고 하면 뼈를 둘러싸고 있는 살을 두고 하는 이야기이지, 뼈 자체를 두고 하는 이야기는 아닐 것이다. 문장도 이와 마찬가지 아닐까?

문장은 무엇보다 뼈대가 튼튼해야 한다. 이른바 구성이다. 구성은 전체 문장의 골격이다. 하지만 문장의 골격이 좋은, 구성이 잘된 글을 무작정 아름답다고는 하지 않는다. 문장이 아름답기까지 하려면 튼튼한 뼈대로 구성을 잘한 다음에 묘사를 잘해야 한다. 문장에서 묘사는 뼈에 살 붙이는 작업과 다름없다.

묘사는 뼈에 살을 붙이는 거랑 비슷하다고요?
그럼 우리는 털 붙이는 거네?

그렇게 볼 수도 있지. 개는 털이 곱네 안 곱네 하잖아….

문학 수업을 할 때 나는 '화소話素'에 빗대어 설명을 곧잘 한다. 이를테면 근간 화소는 구성이고 자유 화소는 묘사에 해당된다. 전체 글의 짜임새는 근간 화소라 할 수 있고, 세세한 부분을 그리는 묘사는 자유 화소라 할 수 있다.

글쓰기와는 다른 이야기이지만 근간 화소와 자유 화소를 수업과 연결하여 생각해 보자. 수업 시 진도 나가는 것은 근간 화소이고, 샛길로 새는 건 자유 화소라고 할 수 있다. 학생들은 선생이 샛길로 샌 곁다리 이야기가 떠오를 때 거꾸로 진도 나간 내용도 기억한다. 그렇다면 곁다리 붙이는 것을 함부로 하면 안 될 일. 대학에서 점차 영어로 수업하라는데 영어로 하면 정해진 교재에 따라 진도만 나간다. 절대로 샛길로 못 샌다. 모국어인 한국어로 강의해도 샛길로 새기가 쉽지 않은데 모국어도 아닌 영어로 하면 샛길은커녕 진도 나가는 것 말곤 거의 포기해야 한다.

사람 외모에서든, 문학에서든, 수업에서든, 뼈대(근간 화소)가 중요하긴 하지만 그에 못지않게 살(자유 화소)이 잘 붙어야 한다는 생각이 문득 든다…….

우리 개도 겉으로 보이는 털이 품평의 기준이 되지,
뼈는 아니거든. 사람 몸도 개처럼 털이 덮여 있으면
아마도 털을 보고 예쁘네, 안 예쁘네 했을 거야.
근데 사람은 머리 말고 털이 전부 덮고 있지 않잖아.
살을 다 드러내 놓고 있잖아.
그러니까 살이 예쁘다고 말하는 거겠지!

백구 너, 잠꼬대하냐?

모처럼 썰 풀고 있잖아요!

그래. 다 끝나면 휴지 좀 갖다 줘.

애고, 못 살아.

단순한 이야기와 구성된 이야기는 어떻게 다를까?

'남원골에서 춘향이랑 자주 어울려 놀던 이몽룡이 한양으로 갔다. 얼마 뒤 춘향이가 교통사고를 당했다.'

이런 일이 있었다고 가정해 보자. 아무리 교통사고가 빈번하게 일어난다고 해도, 이 상황 그대로 문학적인 글이 될 수 있을까? 그렇지 않다. 사실을 전달하는 것만으로는 문학이 되지 않는다. 구성이 되어 있지 않기 때문이다. 어떤 사실이나 현상을 적은 기사가 문학적 글이 되기 위해서는 구성이 이루어져야 한다.

구성……. 우리는 휴대전화 문자 메시지 하나 보내더라도 나름대로 구성을 한다. 말하고자 하는 내용의 효과를 높이기 위해 무슨 말을 먼저 할까, 즉 어떻게 언어를 배치할까 고민한다는 이야기이다.

휴대전화 메시지는 자고로
용건만 간단히 하면 되는 거 아닌가요?

용건도 용건 나름이지. 부탁하는 일이면
단도직입적으로 용건만 서늘하게 얘기하는 것보단
상대방이 기분 안 상하게 '기름칠 하는 말'을
먼저 하면 분위기가 좀 더 낫잖아.

다시 정리하자면 구성은 언어를 배치하는 걸 이른다. 언어를 배치하는 기준은 일단 어떤 표현을 넣을지 선택하고 배열하는 방법이 가장 쉽다. 어떤 상황을 어떤 방식으로 표현할 것인지, 그리고 그걸 어떻게 배치할 것인지……. 이때 가장 쉽게 생각해 볼 수 있는 게 인과관계다. 원인과 결과에 맞게 배치해야 설득력이 높아지기 때문이다. 그렇게 하지 않으면 흐름이 단순한 이야기로 그친다. 단순한 이야기를 구성된 이야기로 만들려면 무엇보다도 인과관계를 면밀히 고려해야 한다.

예를 들어 단순한 이야기는 '이몽룡이 한양으로 갔다. 얼마 지나지 않아 춘향이가 교통사고를 당했다.'처럼 시간의 흐름에 따른 단순한 구성이다. 이를 구성된 이야기로 바꾸어 보자.

'이몽룡이 한양으로 갔다. 허탈해진 성춘향은 술을 마시고 무단횡단을 하다 교통사고를 당했다.'

이는 원인과 결과에 따른 구성이다. 즉 교통사고를 당한 이유를

'허탈해져서 술을 마신 탓'으로 규정하고 있다. 그럼 허탈해진 이유는? 이몽룡이 한양으로 가 버렸기 때문이라고 추측할 수 있다.

단순한 이야기는 일정한 줄거리만 있는 스토리story일 뿐이다. 이에 그치지 않고 인과관계를 갖추고 설득력 있게 구성된 이야기가 되어야 한다. 구성된 이야기는 플롯plot이다.

구성이란 게 이야기를 스토리로 그냥 두는 게 아니고 플롯을 짜는 거네요?

그렇지!

사고와 사건

문학에서는 주로 '사고'보다 '사건'을 다룬다. 사고는 일상에서 자주 일어나기 마련이다. 인재人災가 아닌 불가항력적인 성격을 가진 사고라면 사람들은 어쩔 수 없어 하며 체념한다. 안전사고는 주의를 기울여 어느 정도 줄일 수는 있겠지만 아주 없애지는 못한다. 또한 불가항력인 사고일 경우에도 인재人災가 어느 정도는 끼어 있다.

불가항력인 사고가 터져 많은 사람이 목숨을 잃었다고 해서 저절로 문학적인 사건이 되는 게 아니다. 사람이 많이 죽어 참혹한 상황 자체가 '뉴스거리'는 되지만 언제나 문학 소재로 연결되지는 않는다. 그런데 세월호 참사는 워낙 큰 사고였다. 언론에서 관심 갖는 뉴스이자 문학적으로도 바로 '사건'이 되는 사고였다. 충분히 방지할 수 있었던 상황이었기 때문이다.

사고는 실수 같은 잘못으로 일어나지만,
사건은 속내를 들여다보면 '켕기는' 뭔가가
있는 걸 말하기도 하네요.

그렇지. 교통사고 같은 건 끔찍해도 대부분 단순 사고이지만
일부러 교통사고를 냈다면 뭔가 구린내가 나잖아.
그런 경우 단순 사고가 아니라 사건이 되는 거지!

지난 2014년 4월 16일, 7000톤 가까이 되는 '세월호'라는 커다란 여객선이 바다에 침몰하는 사고가 있었다. 그날 이후 이 땅에 사는 사람들은 자책감에 시달리며 우울에 빠져 지냈다. 몇 년이 흘러도 여전히 가슴 한편이 시려 오는 일이다.

단순히 안전 기준을 지키지 않아 일어난 사고라면 사람들은 그러려니 한다. 그런 경우 안전 담당자 몇이 처벌을 받고, 관리 당국은 앞으로 더 철저히 안전 점검을 하겠다고 힘주어 말한다. 그런데 세월호 참사는 그렇게 단순하지가 않다. 세월호 침몰이 기가 막히는 건 커다란 배가 바닷물에 서서히 수장되는 꽤나 긴 시간 동안 어느 누구도 제대로 구조를 못했다는 것이다. 그래서 무려 300명이 넘는 생명들이 목숨을 잃고 말았다.

생각나요. 그날 거실에 배 깔고 누워 있는데, 텔레비전에서
처음엔 전원 구조했다고 해서 안심했잖아요….

거짓 보고였어!

이 사고를 두고 당시 권력자들은 남의 일 말하듯 했다. 정치인들은 꿀 먹은 벙어리처럼 입을 다물거나, 직접 책임이 없다고 하거나, 아예 상황 자체를 조롱하기까지 했다. 지식인들은 현학적인 말을 늘어놓으며 세월호 침몰의 배경이나 될 만한 '신자유주의'를 들먹였다. 일부 정치꾼들은 직접 책임자를 말하지 않고 희생양을 찾았다. 이에 권력자들과 언론들은 부화뇌동하여 속으로 쾌재를 부르며 적극적으로 그 말을 따르기까지 했다.

학생들이 개헤엄을 쳤으면 살았을 수도 있는데….

개헤엄이든 사람 헤엄이든 배에서 나왔어야 바다로 뛰어들 수라도 있었을 텐데 선실에 '가만히 있으라' 했잖아.

신자유주의가 뭔가. 자유로운 경쟁 체제를 더욱 강화하는 사상이다. 아주 단순화시켜 말하면 '돈 놓고 돈 먹기' 태도 아닌가. 돈의 세상에서는 인간도 한낱 돈 버는 기계에 불과하다.

걸핏하면 대박이 터지기 바라는 사회가 되고 말았다. 대박이라는 말이 뭔가? 뜻밖의 행운인 '요행'으로 돈을 많이 벌게 되는 것을 말하나? 하긴 탄핵당한 전 대통령도 '통일은 대박'이라고 했다. 이게 무슨 말인가? '요행'으로 통일이 되면 돈을 많이 벌 수 있는 '요행'이 생긴다는 얘기 아닌가? 참으로 천박하고 옹색하다. 무엇이든 돈으로 생각하는 사회라니!

세월호 참사는 어쩌다 일어난 사고가 아니다. '요행'을 바라는 사회에서만 일어날 수 있는 안타까운 사고다. 불가항력으로 일어난 사고도 아니다. 다분히 의도가 보이는 참사 내지 학살이 분명하다. 여전히 그 원인이 명확히 밝혀지지 않았는데도 일부에서는 편 가르기는 그만 접고 다른 이야기를 하자고, 지겹지 않느냐고도 한다. 이제 그만 이성을 찾자고 하면서 말이다.

진짜 이성을 가진 이는 분노할 때 분노할 줄 알고, 침묵할 때 침묵할 줄 아는 사람이다. 분노와 침묵을 구별하는 능력을 가진 이가 이성을 가진 사람이다. 그런데 이제 이성을 찾자고? 이성을 잃은 자는 상황에 어긋난 헛소리나 지껄이며 똥인지 된장인지 구별을 전혀 못하는 사람이다.

쌤, 나도 아직 화가 나요! 그런데 편 가르지 말라고?

옳은 편에 서면 되는 거야!

네, 맞아요. 상황이 그렇다면
목소리를 실어 주어야 한다고 생각해요.

이제 우리 사회는 세월호 이전과 이후로 나뉘어졌다. 원하든 원하지 않든 돈과 비리와 부패와 유착만 좇지 않고, 좀 더 투명한 사회로 이전할 것이다. 우리는 일련의 일들을 함께 '목격'했고 더는 그대로 방치하지 않으리라 촛불을 들고 움직였다. 그러므로 문학을 하는 사람들은 세월호 이후 우리 사회를 보며 사고가 어떻게 사건이 되는지를 잘 살펴야 한다.

일반적으로 사고가 사건이 되려면 그 사고를 있게 한 '왜?'가 필요하다. '왜?'를 천착하면 단순한 사고도 문학적인 사건으로 그릴 수 있다. 물론 아주 단순한 사고나 불가항력적인 사고는 대부분 '왜?'가 필요 없다. 원인이 불 보듯 훤해서 누구나 바로 원인을 알 수 있기 때문이다. 하지만 세월호 승객들은 왜 구조되지 못하고 배와 함께 물에 잠겨 목숨을 잃어야 했는지, 의문투성이였다.

다시 말하면, 세월호 참사는 '왜?'라는 질문으로 가득해서 굳이 그 이유에 대해 천착할 것도 없이 사고 자체가 바로 사건이 되었다. 승선 인원부터 시작하여 구조 문제, 보고 체제 문제, 구린내 나는 뒷돈 문제, 무사안일 문제 등등. 하나부터 열까지 온통 문제투성이였다.

문학은 정답을 찾는 게 아니다. 질문을 하는 것이다. 왜? 하고 질문을 해야 한다. 의문을 가져야 한다. 의문을 가지고 질문을 던지는 것, 그게 문학적 행위의 첫 걸음이다.

개는 사람을 물지만
사람은 개를 물지 않는다!

개가 사람을 물면 뉴스거리가 될까? 가끔 신문이나 방송에서 사나운 개가 집(개집)을 나온 뒤 집(사람 집)을 벗어나 길거리에서 지나가는 사람을 물어 상처를 입히거나 죽이기도 했다는 이야기를 접하게 된다. 이처럼 아주 사나운 개가 집을 뛰쳐나와 지나가는 사람을 해치면 사람들이 관심을 많이 둔다. 그렇지 않은 경우에는 사람들이 그다지 관심을 가지지 않는다.

어쩌면 개가 사람을 무는 건 당연한 본능인지도 모른다. 그런데 사람이 개를 무는 일은 당연하지 않다. 사람이 개를 물었다면 일반적인 경우가 아니므로 대체 어쩌다 그런 일이 생겼는지, 왜 물었는지 많은 사람이 관심을 가질 것이다. 물론 복날 많이 드시는 개 이야기가 아니다. 그때도 사람이 개를 물긴 하지만……. 아, 문학적 비유라고 해 두자.

나는 사람 안 무는데….

너도 나랑 안 살았으면 물었을 거야. 본능이라는 게 있잖아.

나는 개만도 못한 사람만 물 거예요!

보통 사람은 안 물고 개만도 못한 사람만 물면
뉴스거리는 물론 문학적 사건도 되겠다!

너무나 일상적이고 뻔한 이야기는 문학적 소재로 신중히 생각해 보아야 한다. 간혹 소설의 의도상 일상적이고 뻔한 이야기를 택하기도 하지만 가능하다면 피하는 편이 좋다. 익숙한 것과 매력적인 것은 별개다.

가령 '술 취해 집에 가다 넘어져 얼굴을 다쳤다.'고 하자.

그럴 수 있지만 곧이 곧대로 쓰면 읽기에 흥미가 일지 않는다. 이럴 땐, '술에 취해 집에 가는데 길바닥이 벌떡 일어서더니 내 뺨을 한 대 후려쳤다.'라고 쓰면 어떨까. 결과적으로 길에 넘어져 얼굴을 다친 것은 같지만 읽는 '맛'은 사뭇 다르다.

당연한 이야기도 당연하지 않게 쓰는 것, 그게 문학이다. 문학은 결과나 결론만 추구하지 않는다. 과정을 차근차근 밟아 간다. 앞의 내용과 비슷한 얘기를 하나 더 해 보자.

고목나무가 있다. 한 여인이 그 나무 주위를 돌고 있다. 나는 그녀를 잡기 위해 고목나무를 빙빙 돈다.

이렇게 쓰면 그다지 흥미가 일지 않는다. 그럼 어떻게 해야 할까?

땅바닥이 벌떡 일어섰다. 나무가 그녀와 나 사이에서 어지럽게 빙빙 돌았다.

어떤가? 앞 표현보다 훨씬 더 표현상으로 그럴싸하지 않은가. 문학적인 표현은 같은 이야기라도 '낯설게 하기'에서 비롯된다는 것을 명심하자.

생계형 글쟁이의 시시콜콜 일상

생계형 글쟁이이다 보니 다른 작가들이 집필 전이나 글이 안 풀릴 때 어떤 버릇이 있는지 늘 새겨본다. 직업상 자연스레 이는 호기심이다. 그간의 관찰을 이 자리에서 살짝 공개해 볼까 한다.

먼저 초조 불안형. 글이 안 풀릴 때 이 방 저 방 방문을 열고 다니는 형이다. 의외로 이런 작가들이 많다. 어떤 작가는 냉장고 문을 열었다 닫았다 하기도 한다. 압박감을 먹는 것으로 푸는 형이다.

그런가 하면 무작정 배낭을 짊어지고 기차역이나 버스 터미널로 가는 가출형이 있다. 익숙한 곳을 벗어나야 새로운 생각이 찾아오는 타입이다. 또, 한밤중이든 새벽이든 상관없이 글이 안 풀리면 여기저기 전화해 두서없이 말을 쏟아 내는 수다형도 있다.

혼자 조용히 술부터 마시는 두주불사斗酒不辭 타입이 있는가 하면,

글 한 줄 쓰고 담배 한 대를 피우는 작가도 있다.

그럼 나는 어떤 타입일까? 술도 못 먹고 담배도 못 피우지만 남이 나를 관찰해 보면, 나도 모르는 이상한 버릇을 발견하곤 배꼽 잡으며 웃을지 모르겠다. 나는 글이 안 풀리면 책상 앞을 절대 떠나지 않는 '뚝심 가득' 타입이라고 생각하지만 말이다…….

어떤 생각이, 이야기가 나를 찾아오면 그걸 어떻게든 수습해야 한다는 생각에 책상 앞을 못 떠난다. 때로는 글이 찾아올 때까지 내 익숙한 자리인 앉은뱅이책상 앞에서 기다린다. 그렇지 않으면 글 친구가 찾아온 줄도 모르고 엉뚱한 곳에서 엉뚱한 짓을 하며 지내고 있을지 몰라서다. 이런 점에서 '글은 엉덩이로 쓴다.'는 말이 일리가 있다. 내 경험상 이야기는 책상 앞에 붙어 있어야 하고, 노려보며 기다려야 찾아오더라……. 예상치 못했던 상황에 부딪혔을 때 회피하거나 도피하고 외면해서는 어려움을 결코 해결할 수 없다. 세상만사 다 그렇겠지만.

작가가 그렇게 무미건조하게 술도 안 먹고 담배도 안 피우며 여행도 잘 안 가고서 무슨 글을 쓰느냐는 힐난 아닌 힐난을 가끔 받는다. 그러면 나는 볼멘소리를 한다. 술을 마신다면, 담배를 잘 피운다면, 집 밖을 잘 돌아다닌다면, 내 체력으로는 오히려 글을 쓸 수 없을지 모른다고……. 사람은 무슨 일을 하든 자기 깜냥껏 살다 가는 것 같다. 나는 글쟁이로서 내 깜냥껏 살고 있다. 그렇게 살면 되리라. 그나마 내가 잘(?) 할 수 있는 일은 글을 쓰는 일이기에…….

쌤은 대체 무슨 재미로 살아요? 그렇게 꽉 막혀 있으면
창의적인 글쓰기가 어렵지 않아요?

내 경험상 창의적인 것은 규칙적이고, 절제에서 나오던데….
막 살아서는 절대 창의적인 것이 안 나오던데….

하여간 쌤은 연구 대상이에요!
연구 대상!

『노인과 바다』의 작가 헤밍웨이는 글을 쓰기 전에 연필을 스무 자루 깎아 놓고 시작하는 버릇이 있었다고 한다. 『톰 소여의 모험』을 쓴 마크 트웨인은 글을 쓰기 전에 당구 한 게임을 치고, 통닭과 감자를 곁들여 아침을 거나하게 먹고 점심때 다 되어서야 책상 앞에 앉았단다. 『모비딕』의 작가 허먼 멜빌은 여덟 시쯤 일어나 말에게 아침 인사를 하며 먹이 주고, 암소한테는 호박 한두 개 썰어 주고, 정작 자신은 아침을 먹지 않고 바로 책상 앞에 앉았다 한다.

요즘 시대는 선배 작가들이 살았던 시대랑 많이 다르기에 나의 일상 또한 예전과 다르다. 나는 글쓰기 전에 연필을 깎는 대신 전자우편과 페이스북을 보려고 자연스레 컴퓨터를 켠다. 이어 연락 사항을 확인하고 수첩에 끼적여 두었던 글 가운데 소재가 될 법한 것들을 다시 옮겨 적는다. 당구나 잡기에 능하지 않아(취미가 없어) 그런 것도 못하고, 도시에 살다 보니 말이나 소 같은 덩치 큰 짐승도 키울 수 없어 먹이도 주지 못한다. 대신 햄스터라는 몸집 작은 서양

쥐에게 인사를 하고 베란다에 키우는 식물들에게 물 주며 인사하는 정도다.

아, 아침은 꼭 먹어야 하기에 절대로 건너뛰지 않는다. 이는 초등학교 고학년 때부터 중학교 때까지 시오리 산길을 걸어 등하교 할 당시 아침을 든든하게 챙겨 먹는 버릇이 들어서 그렇다. 어쨌든, 이러한 것 모두 내 깜냥이다.

날마다 꾸준히, 함께 글쓰기

함께 글을 쓴다……. 이게 무슨 뜻일까? 1980년대 이전에 하던 집단 창작은 아니고 말 그대로 글쓰기를 함께하는 일이다. 혼자서는 아무래도 게을러질 수 있고, 쉽게 포기해 버리니까! 나 같은 생계형 글쟁이도 가끔 게으름이 솟으면 그냥 포기하고 싶은 게 글쓰기인데, 일반인이야 오죽할까? 그래서 맘 맞는 이들이 모여 함께 쓴단다.

절 선방에서도 대중의 힘으로 같이 이겨 내자는 말을 자주 한다. 혼자서는 어렵지만 여럿이 함께하면 할 수 있다면서. 책 읽기는 곧잘 함께한다는 얘길 들었지만 글쓰기는 함께하기가 어려울 줄 알았다. 그러나 곰곰 생각해 보니 글쓰기에 공포감(?)을 느끼는 이들은 함께 쓰는 방법도 괜찮을 듯하다.

『이젠, 함께 쓰기다』(김민영 외 지음, 북바이북, 2016)라는 책을 보니 글쓰기 습관을 들이기 위해 100일 동안 날마다 글을 쓰는 모임을 했다고 한다. 이 대목에서 내 명함에 새긴 문구도 다시금 떠오른다. '쓴다…… 또 쓴다~.' 그렇다. 글쟁이는 쓰는 사람이다. 쓰고, 또 쓰는 사람.

나는 글이 글을 부른다고 생각한다. 글은 써져서 쓰는 게 아니라, 쓰니까 써진다고 생각한다. 일단 첫 문장을 쓰면 마지막 문장도 금세 보일 거라 생각한다. 『이젠, 함께 쓰기다』의 대표 저자인 김민영은 첫 문장의 두려움을 없애자고 말하는데, 나도 같은 생각이다.

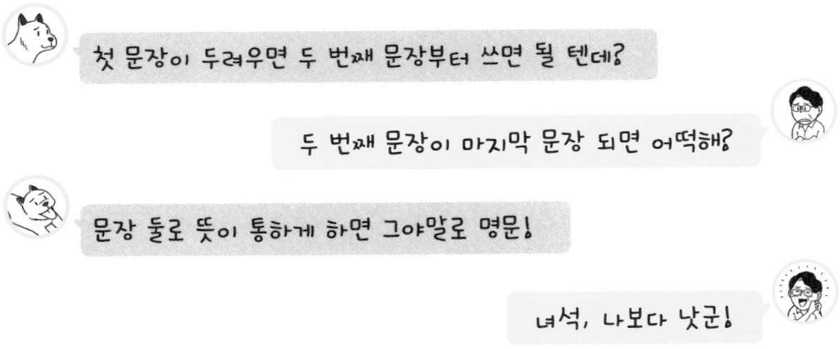

요즘은 글쓰기 지침서가 난무한다. 인터넷과 휴대전화로 누구나 쉽게 글을 쓰게 되면서 사람들도 두려움 없이 예전보다 더 많이 글을 쓰는 것 같다.

내가 생각하는 글 잘 쓰는 방법은, 모든 것을 글로 표현해 보겠다는 단단한 의지와 날마다 글을 쓰고자 하는 습관이다. 밑 터진 콩나물시루에 날마다 물을 주면 콩나물이 어느새 자라 있는 것처럼!

개가 벼룩 씹듯,

마감은 자꾸 되풀이해도 아쉽지 않다!

4장

괴롭고도 즐거운 '마침표'를 향해

백구의 일상 맛보기
주인님은 글쓰기를 좋아해 4

벌써 마지막 장이네!
역시, 마감이 얼마 남지 않았던 거였어.
아무래도 박쌤의 이번 책 작업이 수월한 건 내 덕 같은데…
인세 나누자고 할까, 흐흐.
농담이고. 사실은 나, 요즘 좀 기가 죽어 있었어.
왜긴 왜야. 박쌤 때문이지.
직업 특성상 마감 때면 박쌤이 예민해지거든.
쾅!
히이익!
백구 너! 잘난 척이 좀 심하잖아!

사람 팔자나 개 팔자나…
인생 별것 없다 싶어.

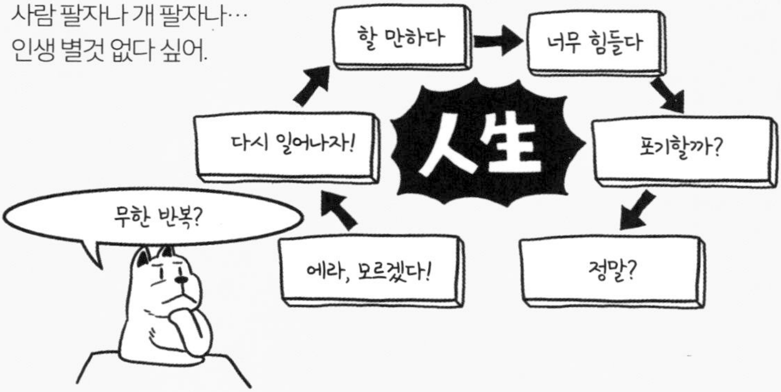

그 이야기는 나중에 기회 되면 다시 할게.
일단 박쌤의 책이 먼저니까!
출판사에서 수정 피드백 들어옴

박쌤 이야기를 들으며 느낀 게 있어. 글쓰는 마음은 곧 세상을 바라보는 시선이고, 일상을 살아가는 태도라는 것!
人生

자기만의 시선과 태도를 잃지 않고 사는 게 중요하겠지?
부끄~
부끄~
캬! 내가 한 말이지만 넘 멋지다!

자, 그럼 마지막 장으로 안내할게. follow me
으악, 정녕 글쓰기에는 '끝'이 없는 것인가!

그냥? 그냥!

요즘 사람들은 무슨 말을 물으면 '그냥…….'이라고 답하곤 한다. 좀 더 길게 말한다고 해야 '그냥 그래…….' 정도다. 좋아하는 것도, 싫어하는 것도, 그냥 그냥. 얼핏 들으면 만사에 도통하고 초월하여 무심한 듯 답하는 것이지만, 어찌 보면 뚜렷한 자기 의견이나 주견이 없는 것처럼 여겨지기도 한다. 그러나 또 가만 생각해 보면, 이유를 길게 이야기하지 않고도 누구에게나 언제든 통용되는 말이 '그냥'인 것도 같다.

'그냥'은 내 고향 진도 말로 '맬겁시'이다. '왜 좋은데?'라고 누가 물으면 '그냥 좋다!' 보다는 '맬겁시 좋다!' 하고 대답한다. 굳이 어떤 이유를 대면서 첫 번째로 좋은 이유는 어쩌고저쩌고, 두 번째로 좋은 이유는 어쩌고저쩌고 하지 않는다. 맬겁시 좋은데, 이유를 따져서 무엇하겠는가!

지역에 따라 남도에서는 맬갑시를 '무담시', '맥없이'라고 쓰기도 한다. 나는 어려서부터 '맬갑시'가 귀에 박혀 맬갑시가 다른 어떤 말보다도 맬갑시 좋다!

조금 다른 이야기인데, 피카소의 추상화를 본 관람객 하나가 피카소에게 직접 물었단다.

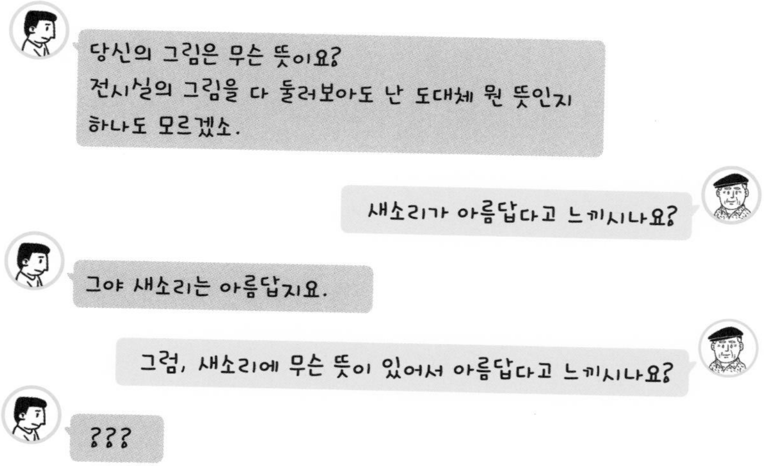

물론 그림은 글과 좀 다르긴 하다. 하지만 글 역시 주제를 따지는 이유보다는 글이 주는 '느낌'이 더 중요할 것이다. 그래서 '느낌 아니까'라는 말이 유행어가 되지 않았나 싶기도…….

모든 글이 그러하지만 그중에서도 특히 시는 다른 글보다 더 느낌이 중요한 장르라 생각된다. 그런데도 우리는 시를 대할 때 느낌보다는 주제, 소재, 연상 이미지, 시공간적 배경 따위를 따진다. 그렇게 따져서 아는 게 시 공부를 제대로 하는 과정이라고 여기면서.

중고등학교에서 시를 가르치는 방법은 시를 해체해서 한 행 한 행의 의미를 따지는 일이다. 그렇기에 많은 사람이 시를 배우고 나면 시가 쉬워지는 게 아니라 더욱 어렵다고 여긴다. 시는 당연히 분석해야 하는 것인 줄 알게 되어 지겹다고 생각하는 것이다.

시는 그저 마음 가는 대로 느끼면 된다. 독자마다 제가끔 다르게 느끼면 그것도 좋은 시이다. 굳이 남하고 똑같이 느낄 필요가 없다. 남하고 똑같이 느끼려면 똑같은 방법으로 똑같은 칼을 가지고 난도질을 해야 한다. 이건 '소재', 이건 '주제', 이건 '제재' 하면서……. 그렇게 하고 나면 장담하건대 결코 시와 가까워질 수 없다.

독일 속담 가운데 '장미는 꽃을 피운다. 그런데 꽃을 피우는 이유는 없다.'라는 말이 있다. 그렇다. 빛과 수분과 바람이 꽃을 피울 뿐이다. 어떤 계산이 끼어 있지 않다.

피카소 이야기를 하나 더 해 보겠다. 어느 날, 피카소가 그림을 그리려고 하자 곁에서 그림 애호가가 물었단다.

무슨 그림을 그리려 합니까?

나도 무슨 그림을 그릴지 모르겠소.
그려 봐야 뭘 그리는지 알겠소!

글도 마찬가지이다. 첫 문장은 작가가 쓰지만 이야기가 어디로 흘러갈지는 작가 자신도 모른다. 써 봐야 안다. 글을 써 본 사람이면, 하다못해 편지라도 써 본 사람이면 자신이 전혀 생각하지 않은 문장이 앞뒤에 매달리는 경우를 자주 경험할 것이다.

이야기가 이야기를 부르고 따른다……. 인생도 그와 꼭 닮아 있다. 삶이 어디로 어떻게 흘러갈지는 살아 봐야 안다. 그 어떤 신도 자신의 행로를 다 알고 살지 않는단다. 그러니 신이 아닌 보통 사람들은 더더욱 인생이 뻗어 나갈 앞길을 모르고 산다. 어쩌면 모르고 살기에 속이 더 편할 수도 있다.

마찬가지로, 사랑의 끝을 알고 산다면 사랑할 용기를 품고 살 사람이 많지 않을 것이다. 사랑의 끝을 모르기에 사랑이 시작되면 설레면서 자신의 온갖 것을 사랑에 퍼붓는 것이 아닐까. 프랑스 소설가 로맹 롤랑은 '너의 결함, 너의 생활, 너의 삶의 법칙을 받아들인다. 나는 너다, 너이기 때문에 나는 너를 사랑한다.'고 했다. 이 말은 있는 그대로, 사랑하니까 '그냥' 사랑한다는 말이다. 사랑이 어떻게 전개될지 알 수 없지만 사랑하는 순간순간을 감싸 안으며…….

인생도 그러하다. 앞으로 어떻게 될지 모르기 때문에 역설적으로 인생은 살 만하다. 그냥 산다! 맬겁시 산다! 글도 그렇다. 맬겁시 쓴다. 어디로 흘러갈지 모르면서…….

나도 '그냥' 살아요.

그건 나도 마찬가지야.

내 인생, 아니 내 견생이야말로 어디로 흘러갈지 몰라요.

나도 마찬가지라니까!

또 이 노래가 생각나네요. 가는 세월~~~♪

그 누구가 잡을 수가 있나요~~♬

얼쑤!

닮은 듯 다르다! 우연, 필연, 개연

뒷 글자로 똑같은 의미의 한자 然(그럴 연)을 쓰지만 뜻은 하늘과 땅만큼 차이가 나는 우연偶然, 필연必然, 개연蓋然!

오래전, '우리 만남은 우연이 아니야~'라는 가사로 시작하는 노래가 큰 인기를 얻었다. 이 노래가 사람들 사이에 인기를 끈 데에는 부르기 편한 좋은 멜로디와 서정적 가사가 한몫했지만 그 당시 사람들의 정서도 생각해 볼 수 있겠다. 우연히 일어난 일도 '필연'이라고 여기며 가슴에 새기고 가능성 있는 사이를 꿈꾸었던 게 아니었을까. 사람들은 내심 바라던 일들이 이루어질 때, '우연을 가장한 필연'이라는 말을 즐겨 쓴다.

예전에는 텔레비전 드라마나 영화에서 연인이 헤어질 때 비 내리는 설정이 많이 나왔다. 물론, 헤어질 때 우연히 비가 내릴 수는 있다. 그러나 매번 그러면 식상해지는 게 당연하다.

연인 사이였던 남녀가 헤어지려고 찻집에서 얘기를 나누고 나왔는데 주룩주룩 비까지 내리고 있다면 어떨까? 헤어지는 분위기로는 그만이겠지만 이러한 설정은 이제 입에 물릴 만큼 지겹다.

그런데도 아직까지 그런 설정이 계속되고 있다. 심지어 어떨 때는 두 사람이 같이 우산을 쓰려고 어느 한 사람(주로 남자)이 가방에서 우산을 꺼낸다. 일기예보를 잘 봤을지도 모르고, 워낙 준비성 철저한 타입이라 우산을 미리 가방에 넣었을 테지만…… 속이 너무 들여다보인다. 너무나 상투적인 설정이라는 이야기이다.

글쓰기를 배우는 학생들이 자기 작품에 대해 이야기하는 자리에서 가장 많이 하는 말은 '제가 직접 겪었거든요.'가 아닐까 싶다. 이는 자기 작품에 대해 다른 사람들이 좀 서운한 비평을 하면 해명을 하거나 변명 거리로 둘러대는 소리이기도 하다.

물론 실제로 일어난 일일 수도 있다. 필연은 반드시 일어나는 일이기 때문이다. 직접 겪었거나 겪지 않았다는 게 핵심이 아니다. 내가 중요하게 말하고자 하는 것은 진실과 거짓 여부를 따지자는 게 아니라 그렇게 겪은 일이 반드시 문학적이지 않다는 이야기이다. 문학 작품에서는 우연도 필연도 그다지 중요하지 않다.

직접 보고 듣고 느낀 게 최고 아닌가요?

바로 그 점을 조심해야 해. 삶에선 겪어 봐야 알 수 있는 게 많지만, 문학에선 겪었다고 다 좋은 글이 되는 건 아니야!

글을 쓸 때는 우연에 기대지 말고 필연이라고 우기지도 말고, 개연성 있게, 즉 그럴싸하고 있음 직하게 써야 한다. 개연성은 어쩌다 일어나는 우연이 아니고 반드시 일어나야 하는 필연도 아니다. 다만 그럴싸한, 있음 직한 일이다.

노출증과 관음증의 평범성

유대계의 독일 정치철학자 한나 아렌트는 자신이 유대인이라는 의식 속에서 살면서 학문적 성찰을 해 나갔다. 수많은 저작 가운데 가장 중요한 작품으로 꼽히는 책『예루살렘의 아이히만』. 한나 아렌트는 이 책에서 '악의 평범성'을 고찰하며 악의 문제를 면밀히 철학적으로 들여다보았다.

유대인 대량 학살의 집행자였던 아이히만의 재판을 참관하면서 한나 아렌트는 그가 괴물이 아닌 평범한 인간임에 주목했다. 아이히만은 위에서 시킨 대로 했고, '알고 보면' 좋은 아버지였으며 가족을 위하는 평범한 가장이었던 것이다. 그는 자기가 무슨 일을 하는지 깨닫지 못하고 명령대로만 살았다. 한나 아렌트는 이렇듯 악은 별생각 없이 사는 사람들이 일상적으로 지니고 있다고 말했다.

'악의 평범성'이라는 말을 떠올리자 노출증과 관음증의 '평범성'이라는 말이 머릿속을 스쳐 지난다. 요즘 사람들이 즐겨 하는 트위터와 페이스북을 보자. 글을 쓰거나 사진을 올린 사람이 '지난여름'에 무슨 일을 했는지를 다 알 수 있다. 누가 묻거나 알고 싶다고 하지 않았다. 다시 말해 아무도 강요하지 않았다. 자기 스스로, 자신을 노출시킨다. 노출의 평범성이다. 노출이 일상화되어 있다. 자기 자신을 보여 주지 못해 안달이다.

관음증은 어떤가? 사람들은 기본적으로 다른 사람에 대해 관심이 많다. 그래서 예로부터 사랑방이나 우물터나 빨래터의 '수다'가 있었고, 텔레비전 연속극이 인기를 끌었다. 그게 트위터와 페이스북으로 이어졌다고 본다. 지금은 어떤가? 누군가의 사생활을 '씹어야' 심심하지 않고 자신이 위로가 되는 세상이다. 연예인의 일거수일투족에다 심지어는 살인 사건과 같은 잔혹 기사조차도 아무렇지 않게 소비한다. 대중은 관음증을 '평범하게 일상적으로' 소비하고 있다.

트위터는 장터에 나가서 거기 모인 사람들에게 말을 걸고 소리치는 것과 닮았다. 자신의 생각을 일방적으로 펼치는 것이다. 페이스북은 저녁에 사랑방에 마실 가서 자신에게 일어난 일을 말하거나 타인의 소식을 듣거나, 아침에 샘가에 물 길러 가서 이런저런 이야기를 나누는 것과 같다.

쌤은 인터넷 글쓰기를 싫어했잖아요?

그랬지. 그래서 홈페이지도 안 만들고 블로그 글쓰기 같은 것도 안 했지.

그런데 지금은요?

인터넷 글쓰기는 트위터로 시작했지만, 지금 트위터는 안 하고 페이스북만 해.

마흔 살 남짓 살고 간 카프카가 작품 수보다 훨씬 더 많은 편지를 남긴 것은 무얼 의미할까? 독특한 취미라고만 할 수 있을까? 그도 작품으로 쓰지 못한 노출증과 관음증에 빠져 있진 않았을까? 자신을 노출하고 타인의 삶을 들여다보는 게 되레 작가와 독자의 거리를 일정하게 유지하는 방식이기도 했을 것이다. 사후 저작물을 다 불 태우라고 친구에게 부탁한 그의 심정이 이해되는 대목이다.

이야기의 시대다. 사람들은 이야기에 목매고 있어 남의 이야기만으로는 양이 차지 않는다. 자신의 이야기를 하고 싶어 한다. 이야기 속에는 노출증과 관음증이 같이 들어 있다. 작가는 둘을 잘 버물려 좋은 이야기가 되게 하기도 한다. 그 반면에 국정원 같은 '빅 브라더'는 평범한 노출증과 관음증에서 어마어마한 이야기를 만든다. 이른바 억압하기 위한 조작이다. 노출증과 관음증은 기본적으로 인간의 자유 의지인데 말이다.

어떤 억압도 인간에게는 필요하지 않다. 그럼에도 빅 브라더 같은 기관들은 사람을 억압하고 싶어 한다. 그런 기관들의 부당한 명령을 그대로 실행하는 이는 뜻밖에도 아이히만 같은 사람들이다. 주변에선 다 사람 좋다고 한다. 그러나 그들은 아무 생각 없이 살았기에 악의 편이 되었다.

외교관이자 전직 레지스탕스였던 스테판 에셀이 아흔 넘은 나이에 『분노하라』라는 책을 쓴 이유도 그래서였을까. 말하지 않고, 타인의 입장에서 생각하지 않고 관심 두지 않은 지금 우리들의 무능하고 무심한 평범한 모습에 피가 끓었던 건 아니었을까. 악은 평범하다. 그러나 그 결과는 참담하다. 일찍이 김수영 시인은 '왜 나는 조그마한 일에만 분개하는가.'라고 탄식조로 노래했다. 평범하게 산다는 것은 생각 없이 흘러가는 일상을 뜻하는 의미가 결코 아니다.

나는 날마다 분노하는데.

그렇지. 너는 작은 일에만 분노하지.
먹을 것이 적다든가, 덥다든가, 하는 것에만….

오해예요! 사실 그 이면에 큰 뜻이 있다고요.

뭔데?

비밀, 아니 기밀이에요! 에헴.

손에 쥔 6펜스를 버릴 수 있을까?

바다를 사이에 두고 육지와 떨어져 있어 '섬'이라고 불리는 땅. 거기에 사는 사람들은 다른 무엇보다도 고립감을 자주 느낀다. 단지 육지에 붙어 있지 않다는 이유만으로 그렇다. 육지에 사는 사람이라고 고립감을 덜 느낄까만, 섬에 사는 이들이 느끼는 고립감하고는 비교가 안 될 듯하다는 게 내 생각이다.

내 고향 진도. 진도는 섬이다. 물리적으로는 육지와 연결된 다리가 놓인 지 수십 년 되었지만 심리적 고립감은 어쩔 수 없다. 어렸을 때, 육지를 잇는 다리가 없을 때도 그랬지만 자동차로 다리를 건너서 찾아가는 지금도 마찬가지이다. 진도대교를 건너 진도로 가는 순간 나는 다른 세상으로 들어가는 기분이다. 섬은 외롭고, 그곳에 들어가면 고립감을 느끼게 된다. 원초적 고립감이라고나 할까.

그런데 그 외로움과 고립감이 '힘'이 되는 경우가 있다. 『달과 6펜스』의 주인공 찰스 스트릭랜드가 그렇다. 그에게는 타히티 섬의 외로움과 고립감이 그림에 대한 창작열을 불태우게 했다.

소설가 서머싯 몸의 이름을 처음 들은 건 고등학교 때다. 그의 작품이 영어 공부에 도움이 된다는 영어 교사와 선배들의 권유 때문이었다. 그들이 가장 많이 권한 서머싯 몸의 작품은 『서밍업』이었다. 학창 시절, 나는 서머싯 몸의 『서밍업』에 이어 『인간의 굴레에서』와 『달과 6펜스』를 반드시 읽어야 하는 줄로 알았다.

1919년, 서머싯 몸은 프랑스의 후기 인상파 화가 폴 고갱의 삶에서 영감을 얻은 소설 『달과 6펜스』를 발표했다. 이 작품은 돈과 물질의 세계인 6펜스를 버리고 문명과는 동 떨어진 이상의 세계인 달의 세계로 달아난 중년 사내에 대한 보고서다.

지금은 서머싯 몸이 『달과 6펜스』를 발표하던 때와는 비교할 수 없을 정도로 물질문명이 발달했다. 그런데 물질문명이 발달한 만큼 삶의 질도 높아졌는지는 의문이다. 서머싯 몸이 『달과 6펜스』를 발표할 무렵에도 이미 사람들은 물질문명에 질려 정신을 차분히 고양시키고자 했다. 세계대전을 통해 인간과 문명에 회의감을 느낀 당시 세대들은 순수의 세계로의 동경을 꿈꾸었던 것이다.

'6펜스'는 당시 영국의 은화로 가장 낮은 가치를 의미했다. 어쩌면 가장 낮은 단위를 나타내는 동전에 사람들의 욕망을 투사했는지도 모른다. 이에 반해 '달'은 이상과 열정을 뜻한다. 만질 수도 없고

멀리 있기에 동경과 이상의 대상이며 열정의 대상이고 나아가 감성의 대상이다. 때론 광기의 대상이기도 하다.

달과 6펜스, 둘 다 둥글다는 점에서 닮았지만 상징하는 바는 너무나 다르다. 서머싯 몸은 절묘하게 이 둘을 한 제목으로 엮었다. 인간의 내부에 자리 잡고 있는 두 가지 본능의 다른 모습이기도 하다.

소설의 주인공 찰스 스트릭랜드는 인간이란 무엇이고, 어떻게 살아야 하는가를 적나라하게 보여 준다. 신들린 화가의 이야기에 그치는 것이 아니라 현실 세계에 대한 예리한 풍자이기도 하다. 이 세상의 모든 종교와 철학과 문학은 '인간'에 대해 묻고 끊임없이 탐구한다. 인간은 아무리 물어도 의문투성이로 알 수 없는 존재이기 때문이다. 어쩌면 찰스 스트릭랜드도 사람들에게 질문을 하였는지 모른다. 나처럼 살 수 있느냐고 말이다.

현실은 소설과 다르다. 우리는 주인공처럼 쉽게 어디로 떠나지 못한다. 더더구나 모든 것을 버리고 자기가 원하는 것을 찾아서 가지 못한다. 하지만 가끔은 스트릭랜드의 예술가적 기질이 우리가 추구하는 진짜 모습이 아닐까, 하는 생각을 하기도 한다.

주인공 스트릭랜드를 '미친놈'이자 '이기주의자'로 단정 짓는 사람도 있을 것이다. 17년이나 같이 산 아내를 헌신짝처럼 버리고도 아무런 부담을 느끼지 않고, 자신을 돌봐준 친구의 호의를 무시하고, 게다가 친구의 아내까지 자살에 이르게 했으면서도 아무런 양심의

가책을 느끼지 않는 것처럼 보이니 말이다. 그러나 '인품'과는 별개로 귀신이나 악마에 씐 듯 그림에 몰두하는 그의 모습을 보면서 예술이 무엇인지를 다시금 생각하게 된다.

쌤도 내 보기엔 어떤 면에선 미친 사람 같아요.

나는 가족을 버리고 어디론가 훌쩍 가 버리진 않았잖아.

그렇긴 하지만, 모든 것을 오로지 글과 연결 짓잖아요!

스트릭랜드는 타히티 섬에서 한참 어린 '아타'를 아내로 맞아 그림에만 몰두한다. 어쩌면 아타조차도 타히티의 일부인지 모른다. 오로지 그림 그리는 것에만 열정을 가진 스트릭랜드에게는 생애 가장 행복한 3년이었다고 할 수 있다. 아타의 집은 섬을 빙 둘러 나 있는 도로에서 8킬로미터 가량 떨어진 곳에 있었다. 스트릭랜드가 물고기를 잡아오면 아타는 그걸 야자 기름에 튀겼다. 그러면서 스트릭랜드는 몇 주일이고 사람을 구경하지 않고 그림을 그릴 수 있었고, 책을 읽을 수 있었다. 스트릭랜드는 타히티에서 다시 태어나 그림을 미친 듯이 그렸다. 나병에 걸려 죽을 때까지 그림을 그렸다. 마지막엔 눈까지 멀었지만 그는 보이지 않는 눈으로 몇 시간이고 자신의 그림을 바라보았다. 아마도 그때, 스트릭랜드는 자신이 평생 보았던 것보다 더 많이 보았는지도 모른다.

지금 우리는 어떠한가. 이상과 현실 사이에서 어떤 선택을 할 수 있을까. 눈앞에 보이는 세계가 아닌 더 머나먼 세계를 꿈꿀 수 있는 날이 올까.

인생은 연습이 아니기에, 더더욱 연습을!

인생은 연습 삼아 살 수 없다.

단 한 번밖에 살 수 없는 게 인생이다. 두 번 다시 살 수 없다. 인생이 단 한 번뿐이라는 사실은 누구에게나 공평하다. 돈이 더 있다고 해서, 권력을 더 휘두를 수 있다고 해서 인생을 여러 번 살 수 있는 게 아니다. 누구나 한 번 태어나서 한 번 죽는다. 일회적이고 일방적인 길을 걸어가는 인생. 그러기에 역설적으로 더 함부로 살 수 없다. 연습 삼아 살 수 없는 인생이기에 되레 더욱 많은 연습이 필요하다.

19세기부터 20세기에 걸쳐 거의 한 세기를 살고 간 첼리스트 카잘스. 그는 지독한 연습벌레로 알려졌다. 아흔이 넘어서도 날마다 여섯 시간 정도 연습을 했다고 한다. 어느 날, 그런 카잘스에게 한 기자가 안타까운 마음으로 물었단다.

"이제 연세도 있는데 뭐 그렇게까지 할 것 있습니까?"

그러자 카잘스가 머뭇거리지 않고 바로 대답했다.

"연습을 하면 날마다 조금씩 나아지는 것 같아요. 그래서 이 나이에도 연습을 안 할 수가 없어요……."

고개를 끄덕이게 하는 말이다. 연습은 날마다 자신을 나아지게 한다. 날마다 나아진다는 건, 연습하지 않는 사람과 다른 삶을 살게 한다는 이야기이다. 결국 연습이 거장을 만든다는 의미겠지.

내가 낮에 잠을 자는 것은 저녁에 잠을 잘 자기 위해 연습하는 거예요. 몰랐죠?

아니, 그렇게 깊은 뜻이?

마찬가지로, 책 읽기는 남의 인생을 끌고 와서 내 인생에 집어넣는 행위이다.

남이 평생 걸쳐 겪은 일을 한두 권의 책에 적어 놓으면 독자는 읽으면서 저자의 체험을 자신의 것으로 만들 수 있다. 책을 읽는 것만으로 한 번뿐인 인생을 여러 번 간접적으로 살아 볼 수 있다.

글쓰기 강의나 강연에서 빠뜨리지 않는 말이 있다. '좋은 풍경화가는 풍경을 많이 본 사람이 아니라, 풍경화를 많이 그려 본 사람'이라는 말이다. 좋은 풍경만 많이 본다고 해서 좋은 풍경을 그릴 수 있는 풍경화가가 결코 되지 않는다. 기존의 풍경화를 보고 끊임없이 따라 그려 보고, 자기만의 방식으로 풍경화를 그릴 수 있는 경지에 이르러야 비로소 좋은 풍경화가가 될 수 있다.

이 말은 그림에 있어서 기존의 것을 따라 연습하는 기초 수련의 중요성이 다른 무엇보다도 중요하다는 뜻이기도 하다. 심지어는 그림의 대상인 풍경을 들여다보는 것보다 기초 수련을 더 중요시하는 이도 있다. 기초 수련이 무엇인가? 연습 아닌가?

선행의 것을 따라 하며 기초 수련을 닦아야 하는 게 그림뿐이랴. 이 세상의 모든 직업은 절로 챙길 수 없다. 끊임없이 기초 수련을 하고 계속 연습을 해야 한다. 카잘스 말처럼 연습을 하면 날마다 나아진다. 자기 직업의 전문적인 것에 대해 연습만큼 중요한 게 없다는 말이다. 그냥 바라보고만 있어선 안 된다.

고생을 많이 하고 살아온 노인들이 흔히 '내 살아온 지난 세월을 책으로 쓰면 열 권도 넘을 것이여!' 하고 말씀하신다. 심정이야 충분히 이해되지만 모든 체험이 곧 책이 되는 것은 아니다. 고생한 체험이 책을 쓰게 하는 동력이 될 수는 있지만 그것만으로는 부족하다. 자기 체험을 책으로 쓰기 위해선 기존 글의 암송이나 기억 등을 통해 쓰고자 하는 장르의 요령을 먼저 익혀야 한다. 책을 쓰는 데 필요한 문장력이나 글의 형식등을 부단한 연습을 통해 몸에 익혀야 한다. 몸에 익히고 나서도 그 장르의 겉과 속 모든 것이 나의 전부가 되도록 연습해야 한다. '절차탁마切磋琢磨'나 '기술이 명품을 만든다.'

는 말과도 일맥상통하는 이야기이리라.

이런 차원에서 나는 글쓰기를 배우는 학생들에게 필사도 시키고 암송도 시킨다. 그러고 나서 연습하고, 또 연습을 하게 한다. 자신이 그 방면에서 우뚝 서려면 한 순간도 연습을 게을리해서는 안 되기 때문에.

피카소는 학창 시절에 틈만 나면 공책 가장자리에 스케치 낙서를 했다고 한다. 그가 남긴 스케치북만도 거의 200개 가까이 된다는데, 이는 그림의 기초가 되는 기능이나 기술을 먼저 익혀야 자기만의 화풍도 생긴다는 이야기이다. 남이 볼 땐 낙서 같지만 실은 계속 손을 놀려 연습을 한 것이다. 기본적인 것에 대한 연습. 자기만의 개성적인 화풍. 끊임없는 연습. 좋은 예술가는 기초 수련의 습득과 연습의 결과일 것이다.

다시 힘을 주어 말하자면, 책을 읽는다는 것은 남의 인생을 내 것으로 만드는 일이다. 연습 삼아 살 수 없는 내 인생. 백년, 아니 천년을 산다 해도 이 세상 모든 인생을 다 살아 볼 수 없다. 내 인생을 연습으로 사는 게 아니라면, 내 인생이 진짜 중요한 삶이 되게 하려면 책을 먼저 읽자. 그다음에는 자기 분야에서 죽어라 연습하는 일이 남아 있다.

바다를 그리워하게 하자

자식에게 고기를 주지 말고 고기 잡는 법을 가르쳐 주라는 말이 있다. 고기를 먹을 줄만 알지 잡을 줄 모르면 홀로 설 수가 없어서 그랬던 것이다. 요즘은 이 말에 '그럼 평생 먹을 고기를 물려 주면 되지 않겠어?'라고 딴죽을 거는 사람들이 생겨난다. 이른바 '엄친아'의 부모들이다. 그들은 그런 마음으로 자식들을 기르는지 모르겠다. 능력만 되면 자식들 고생 안 하게 고기를 많이 잡아 놓겠노라고! 뭐하려고 자식들을 고생시키면서 고기 잡는 법을 가르쳐야 하느냐고!

그런 이유가 아니더라도 지금은 자식들에게 고기 잡는 법을 가르쳐 봐야 소용없다. 애초에 바다에 가지도 않는 자식들에게 고기 잡는 법을 아무리 가르쳐 봐야 무슨 소용이 있겠는가. 그래서 이제는 바다를 그리워하게 해야 하는 게 더 급선무라는 생각을 한다.

바다가 그리운 이는 어떻게든 바다에 간다. 일단 바다에 가면 바다에서 자신이 할 일을 찾게 된다. 고기가 필요하면 스스로 고기 잡는 법을 터득해서 고기를 잡아먹을 것이다. 그러니 피부에 와닿지도 않는 고기 잡는 법부터 애써 가르칠 필요가 없다.

나는 고향이 그리워도 고향에 못 가는 신세!

네 고향이 어딘데?

진돗개의 고향은 진도!

그건 나도 마찬가지….

세상 기준으로 볼 때, 고기 잡는 일이 실용적인 일이라면 바다를 그리워하는 일은 비실용적인 일이다. 대부분의 사람들은 비실용적인 일보다는 실용적인 일이 현실의 삶에서 훨씬 더 유용하리라 여긴다. '엄친아'들이야 부모가 잡아 놓은 고기를 먹어치우기만 하면 되지만, '엄친아'가 아닌 아이들은 영문도 모른 채 고기 잡는 법을 배워야 한다는 강박에 시달리고 있다. 하지만 그들도 고기를 어디서 잡는지는 잘 모른다. 그래서 바다가 하나도 그립지 않다.

과정은 죄다 생략하고 결과만 좇는 사회. 어떤 바다에서 어떻게 잡은 고기인지도 알 필요 없다. 있으면 그만이고 입이 즐거우면 그만이다. 굳이 자신들이 나서서 잡을 필요도 없다. 그들은 고기가 어떤 경로를 거쳐 자신들 입에 들어가는지도 모른다. 그런 그들이 바다를 그리워하겠는가? 어떻게 해야 바다를 그리워하게 할 수 있는가?

바다를 그리워하지 않는 이들에게 바다를 느끼게 하려면 무엇보다도 인문적 상상력과 성찰력을 길러 주어야 한다. 인문적 상상력과 성찰력은 자신의 존재와 관계된 세상의 모든 존재를 총체적으로 이해할 수 있게 한다. 그렇기에 바다와 고기잡이와 사람의 관계도 이해하게 된다. '이 바쁜 세상에 언제 그런 것까지?' 이렇게 생각하는 사람이 있다면 그는 바쁘다고 바늘허리에 실을 매달아 바느질을 할 사람이다. 아무리 바빠도 바늘허리에 실을 매달아 쓸 수는 없는 일이고, 급할수록 돌아가는 법이거늘!

인문적 상상력과 성찰력이 부족한 사회는 오히려 실용적인 사회가 아니다. 역설이 아니다. 사실이 그렇다.

꽃가루 매개를 잘해 요즘 들어 농업곤충학자들에게 대접받는 '호박벌'이라는 벌이 있다. 다른 꽃에도 날아들어 꽃가루를 옮겨 주지만, 특히 호박꽃에 잘 날아드는 벌이다. 그래서 이름이 호박벌일 것이다. 크기가 겨우 1.5~2.5센티밖에 안 되는데 하루에 200킬로미터 이상을 쉬지 않고 날아 일주일이면 1600킬로미터를 날 수 있을 정도다.

놀라운 건 이 벌이 그토록 먼 거리를 날 수 있는 신체 구조는커녕

공중에 떠 있는 것만도 힘든 신체를 가지고 있다는 사실이다. 몸집에 비해 터무니없이 작고 가벼운 날개를 하고 있어서 공기역학적으로 볼 때 공기를 가르며 날 수 있는 신체 구조가 아닌 것이다. 그런데도 이 벌은 어째서 그토록 먼 거리를 날아갈 수 있을까? 오로지 꿀을 따기 위한 생각에만 빠져 있기 때문이라고 한다. 하나의 목표에 몰두한 나머지 자신의 신체 구조 따위는 돌아보지 않는 것이다. 자신의 목표가 꿀을 따는 것이기에 자신의 신체적 결함과는 아랑곳없이 '그냥' 용기를 내어 날아간다.

'책 속에 길이 있다.'는 말은 책을 읽으면 성찰할 수 있는 안목이 생긴다는 의미를 갖고 있다. 책을 읽음으로써 고기 잡는 법을 알 수도 있겠지만, 그보다는 먼저 바다를 그리워할 수 있는 감성을 기를 수 있다. 그리고 나아가 자신의 존재를 돌아볼 수 있고, 자신이 관계 맺은 사회를 돌아볼 수 있을 것이다.

「살아남은 자의 슬픔」이라는 시로 잘 알려진 독일의 시인 베르톨트 브레히트는 「배움을 찬양함」이라는 시에서 '굶주린 자여, 책을 손에 들어라. 책은 하나의 무기다.'라고 노래했다. 그렇다. 책은 하나의 무기다. 지금 절망에 빠진 자, 실의에 차 있는 자, 꿈을 짓밟힌 자 할 것 없이 모두들 책을 손에 들라!

삶의 기억과 문학적 기록

1. 글은 체험에서부터 비롯된다

영국의 소설가 버지니아 울프는 이런 취지의 말을 했다.

'기록되지 않은 것은 어쩌면 일어나지 않은 일인지도 모른다.'

그렇다. 기록되지 않은 일은 결코 기억되지 않는다. 그래서 기억되지 않는 일은 일어나지 않은 일이라고 할 수도 있다. 그렇다면, 기억되게 하기 위해선 먼저 기록을 해야 한다.

『덩굴째 받은 인생』을 쓴 수필가 김광수의 글은 기억을 토대로 한 세밀한 기록에서 시작한다. 그 책의 내용을 찬찬히 살펴보자.

> 1950년. 6·25가 터지자 내가 살던 김천에도 인민군이 들이닥쳤다.
>
> "피난이오! 서둘러요. 남쪽으로 내려가시오. 빨리 서두르시오!"

멀리 북쪽 하늘에서 들려오는 포성에 놀라 우리가족도 급히 피란을 서둘렀다. 당시 초등학교 3학년이었던 나는 어머니가 만들어 주신 봇짐 하나를 등에 동여 메고 고무신을 끌며 피란 행렬에 올랐다. 사람들에 휩쓸려 떠밀리다시피 가면서도 혹시나 어머니 곁을 벗어날 새라 걸음아 날 살려라 종종걸음 쳤던 60여 년 전의 기억이 어제 일처럼 생생하다.

_내가 겪은 6·25(43~44쪽)

김광수 작가는 한국전쟁이 일어나서 피난 가는 첫 모습에 이어 피난지에서 '멍멍이'이라는 개와 어떻게 우정(?)을 쌓게 되었는지 등을 기록한다.

피난민촌 가까운 뒷산 기슭에 허물어진 오두막 한 채가 있었는데 그곳에는 내가 '멍멍이'라고 이름 붙인 개 한 마리가 살고 있었다. 인민군에게 잡히지 않고 내가 가면 어디선가 나타나 꼬리를 흔들며 따르곤 했다. (중략) 어느 날 그곳을 찾았더니 멍멍이는 불러도 대답도 없이 어디론가 사라져 버리고 말았다. 나는 크게 낙담했다. 어른들에게도 알릴 수도 없었다. 멍멍이는 혼자서 어디로 간 것일까? 인민군들에게 잡혀서 먹이가 된 건 아닐까? 아니면 폭격에 맞아 산산조각이 되어 버렸나?

_내가 겪은 6·25(46쪽)

독자는 이러한 '기록'을 통하여 한국전쟁 동안 일어난, 그즈음에 일어난 일의 사정을 짐작하게 된다.

어떠한 글이든 우선은 글쓴이의 체험을 쓰기 마련이다. 익히 알다시피 체험에는 직접 체험과 간접 체험이 있다. 수필은 대부분 직접 겪거나 직접 사색한 결과를 글로 쓴다. 수필은 다른 어떤 문학 장르보다 글쓴이의 '직접적인' 일을 글로 많이 쓰기 마련이다.

2. 장르는 달라도 '문학'을 문학으로 만드는 것

시에는 서정적 자아가 나오고 소설은 화자가 이야기를 이끌어 가며 희곡은 등장인물이 등장한다. 셋 모두 어찌 보면 작가의 '대리인'이라고 할 수 있는 이를 내세워서 글을 전개시키는 데 비해 수필은 작가가 곧 화자가 되는 경우가 많다. 그래서 수필은 모두 작가의 직접 체험만을 적은 개성적인 문학이라는 오해가 많이 생긴다.

나는 편의상 수기手記와 수상隨想과 수필隨筆을 구분한다. 한국말 발음으로는 모두 '수'자로 시작하기에 다들 거기서 거기려니 하고 혼동하여 구분하지 않고 쓴다. 그래서 수필은 수기나 수상과 같이 여겨지는 경우가 많다.

수기는 극단적으로 말해 글자 아는 사람이면 누구나 다 적을 수 있다. 내가 20대 때 뭐 했는지, 30대 때는 뭐 했는지 등 역사적 사실을 연대순으로 기록하는 편년체 방식에 따라 일목요연하게 적으면 수기가 된다. 굳이 일부러 구성을 할 필요가 없다. 가끔 수기 자체가 기막히게 구성되어 있어서 '감동'을 일으키는 수가 있다. 이때는 내용 자체가 '극적'이어서 그런 것이지 글 자체 때문에 '감동 먹는' 게 아니다.

수상은 성직자나 학자들이 즐겨 쓰는 용어이다. 성직자들은 자신이 믿는 종교의 경전 내용을 알기 쉽게 현실의 구체적인 예화를 들어 내놓는다. 학자들은 자신이 연구한 분야의 내용을 알기 쉽게 (얼마 전부터 유행하는 말로 하자면 '대중적인 글쓰기') 풀어서 내놓는다. 그때 성직자나 학자들은 그런 책을 곧잘 '수상록' 혹은 '수상집'이라는 딱지를 붙여 내놓는다. 이도 산문이라는 점에선 수필과 비슷하지만 엄격히 말해 문학으로서의 수필은 아니다.

수필은 무엇보다도 문학이다. 문자로 씌어진 것은 다 문학이니 수기나 수상도 문학 아니냐며 의문을 품는 이도 있겠지만 여기서 말하는 문학은 그렇게 넓게 잡은 문학이 아니다. 수필은 시나 소설, 동화, 희곡 같은 장르로서의 문학이라는 것이다.

두루 알다시피 소설은 허구다. 더러 작가가 자전적 소설이니 실화 소설이니 하는 부제를 표지에 달아도 독자는 소설을 기본적으로는 허구로 여긴다. 어디까지나 작가의 상상력을 바탕으로 했다고 생각한다. 소설과 달리 수필은 아무리 상상력을 바탕으로 했다고 해도 작가가 직접 겪은 일로 여긴다. 이 점이 소설과 수필을 크게 구분 짓는다.

하지만 소설이든 수필이든 결국은 진실을 추구한다. 소설은 허구를 바탕으로 하기에 '픽션'이라 곧잘 일컫지만 진실을 드러내고자 하는 의미는 맞닿아 있다. 수필도 사실을 바탕으로 하지만 진실을 드러낸다. 그런데 곧이곧대로 자신이 겪은 것만 그려서는 수필이 되지 않고 수기에 그치는 경우가 많다. 물론 수기라 해서 잘못된 게 아니다. 다만 수필이 아니라는 것이다. 그간 수필과 수기를 혼동하였기에 수필이 문학의 자리를 차지(?)하지 못했다. 수기가 수필이 되기 위해선 구성이 되어 있어야 한다. 물론 운 좋게(?), 혹은 기가 막히게 수기가 구성이 되어 있는 경우도 있다. 그러나 수필을 쓰는 사람이 그런 행운에 기대어서는 안 된다.

수필은 어디까지나 문학이라는 걸 의식해야 한다. 다시 한 번 강조하지만 문학이기 위해선 구성이 그럴싸해야 하고, 구성을 그럴싸하게 하려면 '가공'을 하는 게 필요하다. 그 '가공'이 진실을 드러내게 해 준다. 있었던 일만 적으면 수기가 되지만, 극단적으론 기사가 되고 만다. 수기나 기사가 되지 않고 문학이 되게 하는 글, 그게 수필이다.

3. 글의 참맛을 독자에게 전하는 비법

김광수 작가는 1차적으론 자신의 지나온 삶을 기록하고자 글쓰기를 한다. 일단 기록을 해 두어야 기억하고, 나아가 실제 일어난 일이 되니까! 평생 일군 자신의 삶이 기록이 안 되어서 애초에 일어나지도 않은 일로 여겨지면 무척 황당한 일 아니겠는가.

그는 어린 시절은 물론 자신의 일과 종교, 직업, 교우 관계, 가족 관계, 취향 등을 적나라할 정도로 그린다. 자칫 수기로 떨어질 만한 일도 인위적인 가공을 통하는 것이 아니라, 평소의 모습 그대로 내보임으로써 되레 극적인 반전을 이루게 하거나 읽는 사람으로 하여금 감동을 불러일으키게 한다.

> 알프스산 정상에서 스위스 쪽으로 하산을 하는데 산비탈에는 그림 같은 전원주택들이 띄엄띄엄 보였다. 옛 연인 미스 박은 뒤셀도르프로 돌아가는 도중에 슈투트가르트역 홈에서 정차 시간을 이용하여 잠깐 만나기로 했다. 기차가 역에 도착하자마자 나는 미끄러지듯 열차에서 내려 기다리고 있던 그녀와 짜릿한 포옹을 했다. 하지만 시간을 다투어 기차가 떠난다고 재촉하여 서로 할 말을 잊었다. 그녀는 떠나가는 기차 옆구리를 한 손으로 잡고 손을 흔들었다. 멀어져 가는 그녀를 바라보는 내 마음도 안타깝긴 마찬가지였다.
>
> _독일에서 만난 첫사랑(116쪽)

옛 연인을 만나면 무슨 말이 필요할까? 그냥 포옹만 하면 그만일 것이다. 말없는 포옹 속에 지난 세월이 다 들어 있을 테니……. 위에 소개한 글은 작가가 1980년대 초 독일에 출장 갔을 때, 알프스산에 갔다 돌아오는 길의 어느 일요일에 기차역에서 잠깐 만난 옛 연인을 그린 이야기이다. 1960년대에 독일로 파견 가는 바람에 헤어진 간호사 출신 첫사랑과의 애틋한 만남을 담았다. 이 대목 앞뒤로는 첫사랑과의 인연에 대해 자세히 그려지며 더불어 그때 둘러본 성당의 모습까지 구체적으로 언급되어 있다. 굳이 인위적인 가공을 하지 않아도 저절로 구성이 되어 독자로 하여금 글의 참맛을 느끼게 하는 게 김광수 작가의 특장이다.

> 얼마 전, 내가 아는 고등학교 친구가 폐암으로 사망하였다는 부고를 받고 삼성병원 영안실에 갔는데 거기서 그 친구를 만나게 되었다. 죽은 친구와 그는 중학교 동기라고 했다. 나는 맞은편에서 친구들과 같이 있었는데 그는 세 부부와 함께 앉아 있었다.
>
> _살아서 한번 죽어서 한번 만난 친구(159쪽)

> 사흘 후 그 친구가 심근경색으로 사망했다는 전언이 왔다. (중략) 사흘 전에 살아서 만난 친구가 사흘 뒤에 운명을 달리 하다니 너무나 아이러니했다.
>
> _살아서 한번 죽어서 한번 만난 친구(159~160쪽)

김광수 작가는 그 친구를 초등학교 시절에 만났다. 작가는 초등학교 시절 6년 내내 반장을 했지만, 친구는 부반장조차도 못해 본 친구다. 그러다 장례식장에서 60여 년 만에 우연히 만나 조만간에 다시 만날 것을 약속했지만 끝내 그 약속을 지키지 못하고 만 것이다. 이 상황을 두고 작가는 '아이러니하다'고 썼다.

살다 보면 이런 기막힌 경우가 간혹 있다. 작가는 군 생활을 할 때도 이런 아이러니를 경험한 걸 기억해 냈다.

> 나는 제대가 임박한 고참 병장이 되었으므로 곧 제대하여 나갈 것을 생각하니 장성이 부럽지 않았다. 나는 대부분의 시간을 보안실 침대에서 쉬면서 근무를 했다. 문서를 대여해 가려면 각 부처의 졸병들은 나에게 신고를 하고 열람대장에 기입을 해놓고 갔다. 여기에서 병장인 내가 육군소장이었던 사령관을 호령했던 웃지 못할 사건이 있었다. 어느 날이었다. 누군가가 밖에서 보안실의 문을 요란하게 두드렸다.
>
> "텅, 텅, 텅"
>
> "누구야? 들어와."
>
> 그런데도 계속 문을 두드리기만 했다. 화가 난 내가
>
> "어느 개자식이냐, 확 나가서 죽일 놈! 제길할 놈, 단잠을 깨우다니… 어디 고참병이 앉아 있는데 버릇도 없이…, 몹쓸 놈이 문을 이렇게 요란스럽게 두드리다니? 이 개새끼야!"

하면서 문을 확 열어젖히자 눈앞에 별 두 개가 번쩍 스쳐왔다. 너무 놀란 내가 엉겁결에 손가락을 반쯤 굽혀 "김광수 병장입니다!" 복창을 하며 경례를 했다.

_보다 효율적인 군대 복무의 방편은 없을까?(227~228쪽)

으악! 여기서도 '개자식'이라는 말이 나오네요! 저 말도 금기어로!

아아…. 개가 사람과 너무 가까워서 그런지도 몰라.

칭찬인 거죠, 지금? 쳇.

이렇듯 작가는 자신의 군 시절 경험을 여러 상황에 빗대어 이야기했다. 그러고는 병역 복무제도에 대한 의견을 제시함으로써 단순한 칼럼이 되지 않게 하였다.

4. 자신을 되돌아보는 글쓰기

김광수 작가의 글에는 인위적이지 않은, 자신의 직접 체험에서 나온 계산 없는, 즉 '천진무구한' 사건이 하나씩 있다. 가령 이런 대목은 책 전체의 분위기를 살리고 읽는 재미를 준다.

아내가 산행대장에게 급히 연락을 해 도움을 청했더니 그가 올라와 내 배낭을 들고 자신의 등에 업히라고 했다. 하지만 나는 그의 호의를 뿌리치고 스틱을 짚고 내려오겠다며 오만 떼를 쓰다 결국 쓰러지고 말았다. (중략) 아내는 이때다 하고는 그동안 가슴에 담아두었던 내 결점들에 대해 퍼부어 대기 시작했다.

_산이 베푼 늦은 가르침(97쪽)

아내가 말한 결점들은 다음과 같다.

"겸손할 줄 모르는 오만함, 남을 배려할 줄 모르는 이기심, 행동 없는 생각은 죽은 생각이다. 지금 바로 사랑한다는 말 한마디 못하고 죽는 고루한 어리석음을 범하지 말아라. 남을 항상 당신에게 맞추어 바꾸라고만 했지 당신이 바꿀 노력을 해본 적이 있느냐. 인생을 너무 안일하게 산다. 대인 관계에 있어서 솔직하게 자신을 드러내 보여라. 위급할 땐 젊은이에게 의지하여 구원을 청하는 것도 나이 든 사람의 멋진 미덕 가운데 하나"라는 등, 신부님에게 고해성사를 하듯 줄줄이 내 단점을 나열하며 호된 질책으로 내 인생을 만신창이로 만들었다.

_산이 베푼 늦은 가르침(98쪽)

이에 김광수 작가는 자신을 돌아본다. 글쓰기의 주요한 기능 가운데 하나가 '성찰'이다. 글을 쓰면서 자신을 돌아보게 되는 것이다. 김광수 작가의 성찰은 내면으로만 향하지 않고 바깥으로도 향한다. 그래서 그가 믿는 가톨릭의 최고 수장 프란치스코 교황이 주님의 종으로 이 땅에 오셨다고 여긴다. 프란치스코 교황이 세월호의 슬픔을 쓰다듬어 준 것을 비롯해 가장 그늘진 곳, 슬픔과 고통이 있는 곳, 소외된 어린 양들이 사는 곳을 방문하여 사랑과 희망의 씨앗을 흠뻑 뿌려 준 것에 대해 무척 자랑스럽게 여긴다고 책에 밝히기도 했다.

5. 성찰과 치유의 글쓰기

글쓰기는 치유도 가능하게 한다. 김광수 작가가 글을 쓰지 않았다면 아들을 잃은 슬픔도 훨씬 더 견디기 어려웠을 것이다.

> 해가 저물어 가는 11월이 가까이 오면 잠을 자다가도 길을 가다가도 불쑥 그때의 악몽이 떠올라 몸서리를 치곤 한다. 십수 년이 흘렀지만 올해도 어김없이 그때의 비극적 정황이 또렷하게 들려오는 것 같다. 그날 이후 자식이 먼저 죽으면 부모 가슴에 무덤을 만든다는 그 말이 전혀 과장이 아니라는 것을 절실하게 깨닫고 있다.
>
> _비 내리는 킹스턴 거리에서(107쪽)

대학 3학년 재학 중 어학연수를 위해 영국 런던을 찾은 아들. 어느 일요일, 아들은 성당을 가기 위해 집에서 가까운 전철역에 나가 전동차를 기다리고 있었다. 그때 부랑아들이 장난삼아 아들을 등

뒤에서 밀쳤고, 아들은 그만 세상을 떠나고 말았다. 책 속에는 당시 아들의 사망 소식을 듣고 런던으로 날아가 시신을 수습한 일이며 자신을 달랜 일들이 가슴 사무치게 그려져 있다.

런던 킹스턴 거리를 걸으면서 노랫말을 차용해 울부짖던 그날의 넋두리를 여기에 올려 본다.

> 못 견디게 슬프고 괴로워도 소리 높여 울지 못하고
> 혼으로 사라진 아들을 부여잡아 안고 흐느껴 울던
> 런던의 킹스턴 거리를 휘청거리며 걷던 상황을
> 그 누가 알아 줄까 기막힌 이 사연을
> 울어라 런던아 너도 같이 밤이 새도록 울자꾸나
>
> _비 내리는 킹스턴 거리에서(113쪽)

어떠한 글과 말로도 멍울이 쉽게 가시지 않을 일. 그러나 김광수 작가는 아픔을 극복해 내며 이런 성찰에 다다른다.

> 삶은 이별의 연습이고 헤어짐 또한 죽음의 연습이다. 우리는 매 순간 이별과 죽음을 체험하고 있다. 그러므로 우리는 잘 죽는 연습을 해야 한다.
>
> _묘소 참배를 통한 명상(220쪽)

뿐만 아니라 마침내 성찰을 통한 치유의 단계까지 나아간다.

> 현 시점에서 뒤돌아보니 하느님께서는 시련과 낙담으로 뜨겁고 모진 매질로 담금질을 하셨고, 한편으론 기쁨과 보람으로 어루만져 주신 것 같다. 이것을 시금석으로 삼아 앞으로도 가능한 한 어리석은 삶을 살지 않도록 노력하며 하느님께서 내려 주신 허용된 생명에 대해 최선을 다하며 살아가야겠다.
>
> _인간을 담금질하시는 하느님(151쪽)

어찌 보면 종교를 가지고 있어서 가능한 다짐이기도 하지만, 기본적으로는 글쓰기의 힘이다. 글을 쓰지 않았다면 차분히 종교의 속살을 들여다보지 못했을 수도 있으므로…….

글쓰는 일이 꽤나 힘들구나.
박쌤 짜증도 이젠 이해해야지.

왜 갑자기 착한 말을 하고 그래?

나 원래 착하거든요? 너무 똑똑해서 탈이지만!

어휴, 내가 말을 말아야지.
백구야…. 싸랑한다!

몇 해 전부터 '개장수'를 하고 있다. 내가 쓰는 글에 개가 많이 등장하기 때문에 스스로 '개장수'라 이른다. 나의 동화와 소설은 물론 시에도 개가 많이 등장한다. 어렸을 때 친구처럼, 가족처럼 지낸 진도개. 섬이었던 고향 진도를 떠나 뭍에서 산 초기엔 개는 다 같은 개인 줄 알았다. 그런데 도회, 특히 서울의 애완견은 어렸을 때 같이 지낸 진도개와는 많이 달랐다. 그래서 개 이야기를 쓰기 시작했다.

마침내 나는 동화, 소설, 시뿐만 아니라 글쓰기 책에도 개를 등장시켰다. '당구삼년폐풍월堂狗三年吠風月'이라 하여 '서당개 3년이면 풍월 읊는다.'는 말을 곧잘 한다. 그렇다면 '작가집 개 3년이면 글을 쓴다.'는 말도 있을 만하다. 우스갯소리이지만 '식당집 개 3년이면 라면 끓인다'는 말도 있지 않은가!

책에 나의 상대로 등장하는 진도견은 진돗개이다. 진도에서 태어나 진도에서만 살고 있는 진도견은 '진도개'라 하고, 뭍에서 태어나 자란 진도견은 '진돗개'로 구분한다. 작가 생활을 시작한 서른 이후 나는 줄곧 서울에서만 살았다. 그러니 나도 진도개가 아니라 진돗개를 상대했다고 할 수 있다.

생계형 글쟁이의 겉모습과 행동을 보고 속내까지 짐작하며 상대해 준 진돗개 백구. 작가의 글쓰기 요령에 기꺼이 동참하여 온갖 푸념과 짜증까지 묵묵히 받아 준 진돗개 백구. 작가인 나와, 나를 지켜본 진돗개 백구를 책 속 화자로 등장시켜 글쓰기의 이모조모를 살펴보았다.

이 책은 그간의 글쓰기 강의 내용을 바탕으로, 여러 매체에 실은 글과 페이스북에 실은 단상을 다듬어 한데 모았다. 글을 쓰면서 터득한 바를 풀어내면 곁에서 진돗개 백구가 판소리의 고수처럼 맞장구치거나 때로 독자의 궁금증을 대신 묻기도 하는 방식으로 짜여 있다. 난삽한 원고를 예쁜 책으로 꾸려 준 우리학교 출판사 식구들에게 고마움을 전한다.

2017년 겨울

無山書齋에서 박상률

서당개도 술술! 자신만만 글쓰기

초판 1쇄 펴낸날 | 2018년 1월 3일
초판 2쇄 펴낸날 | 2018년 5월 15일

지은이 | 박상률
펴낸이 | 홍지연
펴낸곳 | 도서출판 우리학교

편집 | 김영숙 이혜재 정아름 김민정 소이언
일러스트 | 김수민
디자인 | 김민경 오성희
마케팅 | 이선행
관리 | 김세정
인쇄 | 에스제이 피앤비

출판등록 | 제313-2009-26호(2009년 1월 5일)
주소 | 03993 서울시 마포구 월드컵북로 6길 92 구성빌딩 2층
전화 | 02-6012-6094~5
팩스 | 02-6012-6092
이메일 | woorischool@naver.com

ISBN 979-11-87050-50-6 43700

이 도서의 국립중앙도서관 출판예정도서목록(CIP)은 서지정보유통지원시스템 홈페이지(http://seoji.nl.go.kr)와 국가자료공동목록시스템(http://www.nl.go.kr/kolisnet)에서 이용하실 수 있습니다.(CIP제어번호: CIP2017034570)